李愛中命書

이 천 중 명 서

李虛中 著 / 김정혜·서소옥·안명순 공역

이담 Books

　명리학사(命理學史)에서 명리학의 기원을 논할 때 빠지지 않고 등장하는 고서(古書) 중의 하나가 『이허중명서(李虛中命書)』이다. 시대적으로도 명리학의 최고(最古) 서적 중의 하나로 다루어지며, 『이허중명서』의 저술자인 '귀곡자(鬼谷子)'는 명리학의 시원(始原)으로 여겨지고 있다. 때문에 『이허중명서』는 명리학의 시작과 초기 형태를 파악할 수 있는 중요한 역사적 자료이자 학습서로, 명리학 연구자에게는 필독해야 할 교과서와 같은 책이라고 할 수 있다.

　이 책을 주석하고 편찬한 '이허중(李虛中)'은 위군(魏郡) 출신으로 자(字)는 상용(常容)이며, 당(唐) 덕종(德宗) 시기에 급제하여 헌종(憲宗) 때 전중시어사(殿中侍御使)의 관직에까지 올랐던 관료출신의 명리학자이다. 당대(唐代) 유학자 한유(韓愈)의 『한창려문집(韓昌黎文集)』에 수록된 「전중시어사이군묘지명(殿中侍御使李君墓志銘)」에 그에 관한 전기가 약술되어 있는데 그 기록에 의하면 그는 처음으로 '연월일시(年月日時)의 간지(干支)를 중심으로 인간의 길흉화복을 추론하였다'고 한다. 이처럼 당대에 관직에 종사

하던 지식인에 의해 이 책이 연구되고 정리된 점으로 볼 때, 이 책의 중요성과 더불어 명리학이 논리적이고 체계적인 이론 구조를 가진 학문으로도 손색이 없음을 알 수 있다.

『이허중명서(李虛中命書)』는 구본(舊本)에 '귀곡자 찬, 당 이허중 주'라고 기록되어, 귀곡자의 글을 이허중이 주석하고 펴낸 책으로 알려져 있다. 다시 말해 귀곡자가 사마계주에게 전해준 「유문9편」을 이허중이 얻어 주석을 하여 펴낸 것이다. 그러나 그 내용 중에 송대(宋代)와 관련된 부분이 많고, 후세의 덧붙임에서 나온 듯한 문장이 많음을 이유로 들어 후대에 명의를 의탁한 저술인 것으로 논해지기도 한다. 그러나 사고전서 편찬자들이 이러한 부분을 지적하면서도, 이 책을 술수류(術數類) 명서(命書) 분야에 수록하고, 일일이 '안어(案語)'를 붙여가며 상세하게 기록한 것은, 그만큼 이 책의 진가(眞價)와 의미(意味)를 높이 평가하고 후대에 반드시 전해야 할 귀중한 명리서(命理書)로 보존하려 한 것으로 볼 수 있다.

이처럼 『이허중명서』는 명리학 연구에 있어 매우 중요하고 의의 있는 서적이며, 현대의 명리학 연구자들이 반드시 탐구해야 할 고서(古書) 중의 하나라고 할 수 있다. 그럼에도 불구하고 현재까지 이허중명서의 한글번역본이 출간되지 않아, 누구나 쉽게 『이허중명서』를 읽고 연구하기에 어려움이 있었다. 또한 『이허중명서』의 내용 중에는 명리학의 이론과 관련하여 논의하고 연구해야 할 부분들이 많아 다수의 명리학 연구자들이 논제로 다루고 있으나, 책의 내용이 어렵고 해석에 까다로운 부분이 많아 원문(原文) 전체를 소개하고 번역하는 작업에는 미진하였다.

　이에 역자 3인은 실력이 부족함에도 불구하고 명리연구학자의 사명감을 가지고 『이허중명서』의 번역서를 내놓게 되었다. 사고전서에 수록된 『이허중명서』의 원문을 충실히 기재하고 그 해석 역시 충실히 하려고 노력하였다. 원문의 한 글자도 놓치지 않고 꼼꼼히 번역하고 불필요한 주(註)나 의역(意譯)을 배제하여, 원문의 내용을 잘못 전달하는 일이 없고자 하였다.

　이 책 『이허중명서』는 원문(原文)과 안어(案語)까지 모두 수록하고 번역하였으므로 이에 관한 논문이나 연구서에 참고하기에 용이할 것이며, 『이허중명서』의 논명(論命) 방식을 파악하고 초기 형태의 명리학 이론을 이해할 수 있으므로, 명리학의 이론적 바탕을 더욱 공고히 하는 데 도움이 될 것이다.

김정혜·서소옥·안명순

일러두기

* 명리학의 기초적인 한자는 한글로 옮겨 적지 않았다.
* 원문의 글자대로 직역함을 원칙으로 하였고, 원문에는
  없는 글자이지만 번역상 필요한 글자는 괄호로 표시하
  였다.
* 원문에 '案'으로 표기되어 있는 안어(案語)는 사고전서
  편찬자들이 원문의 내용을 주석한 것으로, 이 책에서는
  본문과의 구분을 위해 [ ]기호를 사용하였다.
* 이 책에 사용한 사고전서 원문은 다음과 같다.
  文淵閣四庫全書電子版, 子部, 術數類, 命書相書之屬, 李虛中
  命書 / 迪志文化出版有限公司 / 2003.

目 錄

臣等謹案컨대 李虛中命書三卷은 舊本에 題鬼谷子撰唐李
虛中註라 하니 虛中은 字常容으로 魏侍中李冲八世孫이니
進士及第하여 元和中에 官至殿中侍御史라 韓愈爲作墓誌銘
하니 見於昌黎文集하며 後世傳星命之學者는 皆以虛中爲祖
라 愈墓誌中에 所云最深五行書하여 以人之始生年月日所値
日辰支干相生勝衰死王相으로 斟酌推人壽夭貴賤利不利하되
輒先處其年時하면 百不失一二者가 是也라

然愈但極稱其說之汪洋奧美萬端千緒요 而不言有所著書하
며 唐書藝文志에 亦無是書之名이라 至宋志에 始有李虛中
命書格局二卷하니 鄭樵藝文畧에 則作李虛中命術一卷, 命
書補遺一卷하며 晁公武讀書志에 又作李虛中命書三卷하며
焦氏經籍志에 又於命書三卷外에 別出命書補遺一卷하여 名
目卷數가 皆參錯不合하여 世間傳本久絶하여 無以考正其異
同이라 惟永樂大典所收는 其文尚多하고 完具卷帙하며 前
後亦頗有次第라 並載有虛中自序一篇하니 稱司馬季主於壺

山之陽에 遇鬼谷子하니 出遺文九篇하고 論幽微之理라 虛中爲掇拾諸家하여 注釋成集云云이라

詳勘書中義例컨대 首論六十甲子에 不及生人時刻干支하여 其法頗與韓愈墓誌所言始生年月日者相合이나 而後半乃多稱四柱하니 其說實起於宋이라 與前文殊相繆戾요 且其他職官稱謂도 多涉宋代之事하니 其不盡出虛中手가 尤爲明甚이라 中間文筆에 有古奧難解者는 似屬唐人所爲요 又有鄙淺可嗤者는 似出後來附益이라 眞僞雜出하여 莫可究詰하니 疑唐代本有此書러니 宋時談星學者가 以說闌入其間하여 托名於虛中之注鬼谷하여 以自神其術耳라

今以其議論精切近理하고 多得星命正旨하여 與後來之幻渺恍惚者不同이라 故依晁氏原目하여 釐爲三卷하여 著之於錄하여 以存其法하며 而於其依托之顯然者엔 則各加案語하고 隨文斜正하여 俾讀者로 母爲所惑焉이니라

乾隆四十六年九月에 恭校上하다

總纂官, 臣紀昀, 臣陸錫熊, 臣孫士毅 總校官, 臣陸費墀.

제 요

    신 등이 삼가 살펴보건대 이허중명서 3권은 구본에 '귀곡자 찬, 당 이허중 주'라고 쓰여 있는데, 허중은 자가 상용이며 위나라 시중 이 충의 8세손으로 진사에 급제하여 원화(당 헌종) 중에 벼슬이 전중시어사에 이르렀다. 한유가 그를 위하여 묘지명을 지은 것이 『창려문집』에 보이며, 후세에 성명학을 전하는 자들은 다 허중을 원조로 삼는다. 한유의 묘지명 중에, 이른바 오행서중에 가장 심오하여 사람이 처음 태어난 연월일이 만나는 바의 일진(천간지지)의 支와 干 상호간의 생승(生勝), 쇠사(衰死), 왕상(王相)을 가지고 사람의 수요와 귀천과 利와 不利를 헤아려 추리하되, 오로지 먼저 그 年과 사계절을 살피면 백에 하나둘도 어긋나지 않는다는 것이 그것이다.

    그러나 한유는 다만 그 학설의 넓고 깊고 아름다운 천만가지 단서를 지극히 칭찬했을 뿐, 저서가 있음을 말하지 않았으며, 『당서, 예문지』에도 이 책의 이름이 없다. 『송지』에 이르러 비로소 『이허중명서격국2권』이 있는데, 정초의 『예문략』에는 『이허중명서1권』 및 『명서보유1권』으로 되어있으며, 조공무의 『독서지』에는 또『이허중명서3권』으로 되어 있으며, 초씨의『경적지』에는 다시 또『명서3권』외에 별도로『명서보유1권』이 나와 있어서 명목과 권수가 모두 뒤섞이고 어긋나 합치되지 않으며 세간에 판본의 전해짐이 오래도록 단절되어 그 이동을 살펴서 바로 잡을 수 없다. 오직 명대의『영락대전』에 수록된 것은 그 문장이 생각보다 많고 권질을 완전히 갖추었으며 앞뒤도 또한 제법 차례가 있다. 함께 기재된 것 중에『이허중자서1편』이 있는데, '사마계주가 호산의 남쪽에서 귀곡자를 만났을 때「유문9편」을 내어주고 깊고 미묘한 이치를 논했으므로, 이허중이 제가의 설을 주워 모아 주석하여 이루어진 것이다…'라고 하였다.

책 가운데의 요지와 체제를 자세히 살펴보면 맨 먼저 육십갑자를 논하면서 사람이 태어난 시각의 간지를 언급하지 않아서 그 방법이 곧 한유의 묘지명에서 말한 처음 태어난 생년월일이라는 것과 서로 합치되지만 후반에는 마침내 '사주(四柱)'라고 말한 것이 많은데 그 사주라는 말은 실제로 송대에 시작되었으므로 앞의 글과 매우 서로 어긋나며, 또 기타 관직의 명칭도 송대의 일과 관계되는 것이 많으니 그 허중의 손에서 다 나오지 않았음이 더욱더 분명하다. 중간의 글 중에 고풍스럽고 오묘하여 난해함이 있는 것은 당나라 사람의 소행에 속하는 듯하고 또 수준이 낮고 경박하여 가소로움이 있는 것은 후세의 덧붙임에서 나온 듯하여 진위(眞僞)가 섞여 나와서 깊이 살필 수 없으니, 아마도 당대에 본래 이 책이 있었는데 송나라 때에 성명학(星命學)을 말하는 자가 자기 학설을 가지고 그 사이에 함부로 들어가서 이허중이 귀곡의 유문을 주석한 것에 명의를 의탁하여 스스로 그 술법을 신비하게 한 듯할 뿐이다.

　이제 그 의론이 자세하고 적절하여 이치에 가까우며 성명(星命)의 바른 뜻을 터득함이 많아서 후세의 허황되고 분명치 않으며 모호하여 알 수 없는 것과 똑같지 않다고 여겨지기 때문에 조씨의 원목에 의거하여 바로잡아 3권을 만들어 이것을 기록에 실어서 그 법을 보존하며 그 의탁이 분명한 부분에 대하여는 각각 '안어(案語)'를 가하고 글에 따라 살피고 바로잡아서 독자들로 하여금 미혹되지 말게 하는 바이다.

　건륭 46년 9월, 삼가 교열하여 올림.
　총찬관 신 기윤, 신 육석웅, 신 손사의. 총교관 신 육비지.

原 序

昔에 司馬季主居壺山之陽하니 一夕雨餘에 風淸月朗이러니 有叟踵門하여 自謂鬼谷子라 季主因與談天地之始하고 論河洛之書와 箕子九疇와 文王八卦등 探賾幽微造化하고 至曉에 出遺文九篇하니 包括三才요 指陳萬物이러라 季主得而明之하여 每言人之禍福時에 數吉凶應如神察하여 爲當時所貴라 今余得其舊文稽攷컨대 頗經證效하되 惟歷世之久하여 篇目次序는 似乎乖異나 其五行之要는 尙或備載하니 余恐其本術이 將至湮沒이라 故掇拾諸家하여 註釋成集하니 非敢補於闕文이요 且傳之不朽니 高明君子는 毋我誚焉이어다

　　唐元和初載九月十三日에 殿中侍御史李常容虛中은 序하노라

옛날 사마계주가 호산의 남쪽에 살았는데, 어느 날 밤 비가 그친 뒤 바람이 맑고 달이 밝을 때, 어떤 노인이 문에 이르러 스스로 '귀곡자'라고 말하였다. 사마계주는 이로 인하여 그와 더불어 함께 천지의 시원을 말하고, 하도낙서와 기자구주, 문왕팔괘 등 깊은 도리와 미묘한 조화를 찾는 것을 논하고 나서, 새벽이 되자 「유문9편」을 내주었는데, 三才(天地人)를 포괄하고 만물을 지적해서 일일이 설명한 것이었다. 계주는 그것을 터득하고 밝혀서 사람의 禍와 福을 말할 때마다 길흉을 점치면 응험함이 귀신이 살피듯 하므로 당시에 귀하게 여겨졌다. 이제 내가 그 옛글을 얻어 살펴보니 제법 증명과 효험을 경험하는데, 오직 시대를 지내기를 오래하여 편목과 차례는 서로 어긋나는 듯하지만 그 오행의 요지는 오히려 혹 갖추어 기재된 듯하므로 나는 그 본래의 학술이 장차 사라지게 될까 염려되기 때문에 제가의 설을 모아 주석하여 이루었으니, 감히 빠진 글을 보충하려는 것이 아니라 장차 영원히 전해지게 하려는 것이니 고명한 군자는 나를 꾸짖지 말기 바란다.

당, 원화, 초년, 9월 13일, 전중시어사, 이상용 허중이 서문을
썼다.

[案唐惟天寶至德稱載, 此序後, 元和而亦稱載, 是即作僞之一證.]
[살펴보건대 당나라는 오직 천보(현종)와 지덕(숙종)때에만 '재(載)'라
고 칭했는데, 이 서문 뒤에는 원화(헌종) 때인데도 역시 '재'라고 칭했
으니, 이것은 곧 위작의 한 증거로 사료된다.]

李虛中命書 卷上

六十甲子納音 육십갑자 납음

甲子는 天官藏이니 是子旺母衰之金이라 溺於水下而韜
光하니 須假火革하여 有旺盛之氣하여야 方可以揚名顯用
이니라

甲子는 천관[1]이 간직된 것인데, 곧 자식이 왕하고 母가
쇠약한 金이다.[2] 물속에 빠져 빛을 감추고 있으니 모름지기
火氣의 개혁[3]을 빌려서 (천관이) 왕성한 기운이 있어야만
비로소 (甲子人이) 이름을 드날리고 현달하여 쓰일 수 있다.

[命入貴格, 明暗取官.]
[甲子의 命이 귀격에 들려면 밝음(陽)과 어두움(陰)으로 관성을 취해야
한다.]

---

1) 납음金이 甲의 천관이 됨.
2) 납음金이 子中 癸水를 생하고 母인 金은 甲과는 상극이 되므로 金이 쇠함.
3) 水氣를 제거하고 金氣를 단련함.

乙丑은 祿官承이니 乃庫墓守財之金이라 不嫌鬼旺之
方하고 喜見祿財之地하며 水土砥礪하여 忽然有氣면
亦可以爲器成材니라

乙丑은 재록과 관작4)이 이어진 것인데, 곧 庫墓(창고)5)로
써 재물을 지키는 金이다. 官鬼가 강왕한 곳을 싫어하지 않
고 祿財의 자리를 만나는 것을 좋아하며6), 명국 중에 水土가
있어 서로 갈고 닦아서7) 홀연히 생기를 갖게 되면 또한 그
릇을 이루고 재목을 이룰 수 있다.

[平和貴格, 不須祿到.]
[고르게 조화를 이룬 귀한 명격은 반드시 녹이 이르지 않아도 성공한다.]

丙寅은 祿地元이니 是子母相承之火라 先煙後焰하여
抽其明而三進하며 喜木爲助하고 嫌水陵遲하니 五行相
養하면 雖在死方이라도 亦可光耿이니라

丙寅은 녹지의 근원8)인데, 곧 子와 母가 서로 이어지는9)

---

4) 丑중 己는 乙의 財, 辛은 乙의 官임.
5) 丑궁이 묘고의 자리
6) 乙의 정재는 戊, 편재는 己이므로 土를 만나는 것을 좋아함.
7) 土는 水를 덮고 水는 土를 윤택하게 함.
8) 寅은 甲의 녹이고 丙戊의 장생
9) 寅중 甲丙戊가 차례로 상생함.

火이다. 먼저 木의 연기가 있은 뒤에 火의 불꽃이 있어 그 밝음이 발탁되어 세 번 (벼슬길에) 나아가며, 다른 간지의 木이 도움이 되는 것을 좋아하고, 水가 와서 극하는 것을 싫어하는데, 오행이 서로 도와주면 비록 생기가 없는 방위에 있더라도 앞길이 빛날 수 있다.

[命入貴格, 不用干祿.]
[명이 귀격에 들 때에는 간록을 필요로 하지 않는다.]

丁卯는 貴祿奇니 乃本旺祿休之火라 惟欲陰旺惡處盛陽하나니 若火木相資하고 連於艮震之方하면 必能變鼎味而成享禮也니라

丁卯는 귀록의 기[10]인데, 곧 본명은 왕하나 祿星이 움직이지 않는 火이다. 다만 명국에 음이 왕하여 불길한 경우에는 양을 성하게 해야 하니, 만약 火와 木이 서로 돕고, 艮震의 방에 이어지면,[11] 반드시 요리의 맛을 바꾸어 신에게 올리는 예를 이룰 수 있을[12] 것이다.

---

10) 卯巳午는 乙丙丁의 三奇.

11) 지지가 丑寅(艮), 卯(震)로 이어지면

12) 천하의 정사에 쓰일 수 있다. 높은 자리에 임관할 수 있다는 뜻.

[欲逢官鬼, 始得貴奇.]

[반드시 명격 중에 관살이 있어야만 비로소 귀하고 기특한 인물이 될
수 있다.]

戊辰은 神頭祿이니 乃華實兼榮之木이라 愛乎水土하
고 忌見火金하며 有所養於金하니 乃英實之命也니라

戊辰은 신두록[13]이니, 곧 꽃과 열매가 겸하여 번영하는
木이다. 水와 土를 좋아하고, 火와 金을 만나는 것을 꺼리며,
金을 길러주는 바가 있으니, 곧 뛰어난 바탕을 가진 명이다.

[相乘可貴, 不畏鬼臨.]

[干과 支가 상승하여 귀하게 여길 만하니, 鬼(칠살)가 임하는 것을 두
려워하지 않는다.]

己巳는 地奇備하니 乃氣勝體剛之木이라 生逢對旺干
鬼相加커나 或木來比助에 金伐以成爲棟梁之材니 皆得
終美니라

己巳는 지지에 삼기가 구비되었으니, 곧 기세가 뛰어나고
본체가 강한 木이다. 평생에 왕성한 관귀가 서로 가함을 만
나거나, 木이 와서 돕는 경우에 金이 와서 상극하면 동량의

---

13) 辰中 戊가 통근하여 간지가 서로 이어짐. 천간이 지지의 旺相에 앉은 것을 말함.

재목을 이루게 되니 모두 인생을 아름답게 마칠 수 있다.

[貴無官鬼, 須見角音.]

[귀함을 바라는데 명중에 관귀의 상극이 없다면 반드시 각음14)을 만나야 한다.]

庚午는 天祿承이니 是含輝始育之土라 氣數未備면 惟喜旺方하니 得數已完이면 尚嫌水重이라 若獨祿會命旺身絕하면 豈是貴地리오

庚午는 천록이 이어졌으니, 이것은 광택을 함유하고 화육(化育)을 시작하는 土이다. 土氣의 수가 미비하면 오직 旺方을 좋아하는데, 수가 완비되고 나면 오히려 水가 많은 것을 싫어한다. 만약 다만 녹성15)이 모여 命(연지)이 왕하고, 身(납음)이 絕하게 된다면 어찌 그것이 귀한 자리가 되겠는가.

[祿鬼自處, 不假官鬼.]

[녹귀16)가 스스로 머물면, 관귀(丁)는 빌릴 필요가 없다.]

---

14) 角音: 궁상각치우 중 각으로 木에 해당함.

15) 庚의 녹성과 재성, 甲과 乙.

16) 庚이 甲을 만나는 것.

辛未는 祿自藏이니 乃自本立形之土라 有火相助하고 得木相乘하여 水輕木重하면 亦可以小康하며 若敗而乘 祿多하면 方爲厚載之福이니라

辛未는 녹이 스스로 간직되었으니, 곧 스스로 본질이 형성된 土이다. 火가 있어 서로 돕고 또 木이 상승함을 만나서, 水가 경미하고 木이 중한 격국을 이루면 또한 소강(조금 안정된 생활)할 수 있으며, 혹 살림이 패하더라도 타고 있는 녹이 많으면 바야흐로 두터운 복이 된다.

[喜見干連 不畏木重]

[천간이 서로 이어진 것을 만나는 것을 좋아하고, 木이 많은 것을 두려워하지 않는다.]

壬申은 地天祿이니 乃自任權制之金이라 剛而有斷하고 愛土木而嫌火重하니 雖居財旺身衰라도 亦主淸華之 貴니라

壬申은 지지가 천록이니,[17] 곧 권력으로 제압함을 자임하는 金이다. 굳세고 결단력이 있으며, 土와 木을 좋아하고 火가 중한 것을 싫어하는데 비록 財가 왕하고 身이 쇠하는 국

---

17) 지지 申이 납음 金의 녹이 됨.

면18)에 머물더라도 맑고 화려한 貴를 주관한다.

[眞假財官, 貴之爲貴.]
[진가의 재관을 귀하게 여기는 것이 중요하다.]

癸酉는 貴符印이니 乃剛銳利用之金이라 不嫌絶敗하고
惟畏鬼多라 若平易而不相刑하면 當有自然之材器니라

癸酉는 貴符(관청)의 도장이니, 곧 굳세고 예리하여 도검
을 만드는 데 이용하는 金이다. 絶敗를 싫어하지 않고 오직
관귀(火)가 많은 것을 두려워하는데 만약 명국이 평이하여
서로 형극하지 않으면 마땅히 저절로 이루어지는 재목과
그릇이 있을 것이다.

[庚辛無鬼, 不假官貴.]
[명국에 庚辛이 중하면 水로 씻으므로 鬼가 필요 없으니 官(火)의 단련
을 빌리지 않는다.]

甲戌은 祿臨官이니 乃墓成息用之火라 不求壯旺하고
欲物平資하면 福祿可以高厚리라

---

18) 壬의 財는 丙丁, 身은 납음 金.

甲戌은 녹이 官에 임했으니[19] 곧 묘고 중의 사용을 멈춘 火이다. 장왕해지기를 구하지 않고 그것이 평화롭게 이용되기를 바란다면 복록이 높고 두터워질 것이다.

[入格可貴, 干不必官.]

[命이 격에 들어 貴를 주관할 만하니 다른 천간에 관살이 있기를 필요로 하지 않는다.]

乙亥는 地祿承이니 爲氣散遊魂之火라 生於木火하여 榮方上下하고 不逢相制하면 僅而成達하며 多助尤崇하니라

乙亥는 지록이 이어지는데[20] 곧 기가 흩어져 떠도는 혼과 같은 火이다. 木火에게 생조를 받아 간지 상하에 번영이 함께하고, 상극하는 간지를 만나지 않으면 조금은 현달을 이룰 수 있으며, 木火의 생조가 많을수록 더욱 숭고하다.

[眞官相制, 得貴亦崇.]

[진정한 관성이 극제하면 貴를 얻음도 숭고하다.]

---

19) 甲의 녹은 寅이고, 戌의 辛이 甲의 官
20) 亥중 戊가 乙의 재록임.

丙子는 天祿承이니 乃深沉停會之水라 若會源得生하고 用制於東南하면 爲出常之器리라

丙子는 천록이 이어지니[21] 곧 깊이 잠겨 멈추어 있는 水이다. 만약 水의 근원을 만나 生(생명)을 얻고 동남방에서 마름질하면, 범상을 초월한 그릇이 될 것이다.

[自有眞官, 佳期祿會.]
[스스로 진정한 官을 지녔으니, 좋은 시기가 되면 녹이 모인다.]

丁丑은 祿自守니 乃漸下欲流之水라 得水土相承하면 經於敗地라도 源脈不斷하니 可升而濟物하여 功德昭著也니라

丁丑은 녹을 스스로 지키니[22] 곧 점점 아래로 흘러내리고자 하는 水이다. 水와 土가 서로 이롭게 이어짐을 만나면 건조한 곳을 경과해도 근원의 줄기가 끊어지지 않으니 만물을 이루어줄 수 있어서 공덕이 밝게 드러날 것이다.

[丑有癸藏, 不明見官.]
[丑중에 丁火의 官인 癸지장간이 있으니 관성을 밝게 노출하지 않은

---

21) 子는 납음水의 녹
22) 丑(癸辛己)중에 丁의 官이 있음.

것일 뿐이다.]

戊寅은 地官承이니 乃生體安和之土라 若資之以火土俱
盛金旺之榮하면 雖多反制라도 尚可高崇하여 爲不常之用
이니라

戊寅은 땅의 관작이 이어졌으니[23] 곧 본체가 생왕하고 편
안하고 화평한 土이다. 만약 여기에 火와 土가 함께 성하고
金이 왕성해지는 영광을 더한다면 비록 명격 중에 火와 金
이 상극하는 것이 많더라도 오히려 숭고한 인재가 되어 범
상치 않은 쓰임이 될 수 있다.

[得官不旺, 貴出自然.]
[官을 얻음이 왕하지 않아도[24] 귀함이 자연스럽게 형성된다.]

己卯는 地官承이니 爲鬼旺體堅之土라 生於金重木多
하고 而見財重하면 乃富貴長遠하리라

己卯는 지관이 이어졌으니[25] 곧 관귀(乙)가 왕하고 체질
이 견실한 土이다. 金이 중하고 木이 많은 곳에 생하고 財

---

23) 寅중 甲이 戊의 官임.
24) 戊의 관성(甲)이 寅중에 암장되었기 때문.
25) 卯중 乙이 己의 官이기 때문.

(水)가 중함을 만나면 마침내 부귀가 장구(長久)할 것이다.

[得官不旺, 貴出自然.]

[官을 얻음이 왕하지 않아도 귀함이 자연스럽게 형성된다.]

**庚辰은 祿暗會니 乃顯光之金이나 而未成材라 金剛土
重하여 得期相會하고 無炎火之官하면 乃大臣之制니라**

庚辰은 녹이 암회(암합)했으니[26] 곧 번쩍번쩍 빛을 드러
내는 金이지만 아직 재목을 이루지 못한 원료이다. 명중에
金이 강하고 土가 중하여 때를 만나 서로 회합하고 炎火의
관살(丙丁)이 없다면 마침내 대신의 자리에 오른다.

[不假祿合, 祿干尅期.]

[녹이 합하기를 기다릴 필요가 없으니 녹간에 기약이 정해져 있다.]

**辛巳는 地官承이니 爲資始之金이라 身堅而體柔하니
欲平火之制하며 若金助土成하면 則爲光大之器니라**

辛巳는 지관이 이어졌으니[27] 곧 바탕이 시작되는 金이다.
본신은 견강하나 체성은 유약하므로 평온한 火의 극제를

---

26) 辰중 乙과 庚이 암합함.
27) 巳중 丙이 辛의 官임.

원하며 만약 다른 金의 내조(來助)가 있거나 土가 生金함이 있으면 크게 빛나는 그릇이 된다.

[丙官在下, 務貴於祿.]
[丙火 관성이 지지에 있으니 마땅히 辛의 녹을 귀하게 여겨야 한다.]

壬午는 天官合이니 乃化薪之木이라 畏在火强하니 得水資之커나 或處生旺而逢土하면 亦可富貴나 若獨見金制하고 在死敗之鄕하면 非長久之命이니라

壬午는 천관과 합한 것이니[28] 곧 섶(땔나무)으로 화한 木이다. 두려움이 火의 태강(太剛)함에 있으니, 水를 만나 도움을 받거나 혹은 납음木이 생왕한 곳에 머물고 다시 또 土를 만나면 또한 부귀를 이룰 수 있으나, 만약 다만 金의 극제를 만나고 다시 또 사패의 향(木이 쇠약해지는 곳)에 있으면 오래갈 수 있는 命이 아니다.

[丁壬德合, 寄任旺官.]
[丁과 壬은 덕합이니 왕성한 관성(土)의 작용에 맡긴다.]

---

28) 午중 丁이 천간 壬과 상합함.

癸未는 祿自備하니 爲伐根之木이라 氣敗而體柔하니 不嫌金制하며 喜水之榮하니 及會元而借生主하면 乃重器成德之材니라

癸未는 녹이 스스로 갖추어졌으니[29] 곧 뿌리를 벤 木이다. 기가 쇠패하여 본체가 유약하므로 金의 극제를 싫어하지 않으며 水의 생조를 좋아하니, 근원을 만나서 생의 주체를 빌리기에 이르면 마침내 중요한 그릇으로 덕을 이루는 재목이 될 수 있다.

[癸在巳中, 喜逢甲乙.]
[癸가 巳 중에 있으면 甲乙을 만나는 것이 좋다.]

甲申은 地祿生이니 乃源泉之水라 務有資助流長而無鬼면 則爲運廣之淵하여 可享高厚之福이니라

甲申은 지록이 생하니[30] 곧 근원에서 샘솟는 水이다. 반드시 원천이 끊어지지 않아 길게 흐르도록 도움이 있고, 관귀(土)가 근원을 막음이 없으면, 운행이 광대한 연못이 되어 높고 두터운 복을 누릴 수 있다.

---

29) 未는 木의 묘고, 癸는 未중 丁의 官
30) 申중 庚이 甲의 관록임.

[祿始生, 要干生旺而無官.]

[녹이 처음으로 생기니 반드시 천간이 생왕하고 관살의 극제가 없어야 한다.]

乙酉는 貴還命이니 乃母旺進趨之水라 若資以金하고 濟用以火하면 自乾東而震北이니 亦超卓輔弼之用이니라

乙酉는 귀하게 환원하는 명이니[31] 곧 母가 왕하여 달려 나가는 水이다. 만약 金으로 돕고 火로써 구제하여 쓰면 진실로 북에서 동까지 金生水, 水生木하고, 동에서 북까지 환원하는 것이니 또한 남보다 뛰어난 보필의 쓰임이 된다.

[干之無官, 會合而貴.]

[천간에 관살이 없으면 회합하여 귀하게 된다.]

丙戌은 祿德合이니 乃祿資支附堅固하고 火鍾之土라 若資之以木하면 光耀不羣하니 蓋本重不須旺也니라

丙戌은 녹의 덕합이니[32] 곧 녹의 바탕인 지지가 견고하고 火가 모이는 土이다. 만약 여기에 木으로 도와준다면 火가 왕하여 그 빛이 무리에서 빼어날 것이니, 이것은 명격의 본

---

31) 酉가 水를 생하고 水가 다시 乙木을 생함.
32) 戌중 辛이 丙과 합함.

체가 후중하여 火旺의 내조(來助)를 필요로 하지 않기 때문이다.

[自有卒符, 不畏偏貴.]
[스스로 병졸의 부절(지휘권)을 지녔으니 한쪽만 귀한 것을 두려워하지 않는다.]

丁亥는 地貴符니 乃福壯臨官之土라 若潤之以水하고 麗澤以金하며 處魁罡坤艮之方하면 可以顯功遂名이니라

丁亥는 지지가 귀부(官符)이니[33] 곧 복이 장왕한 임관의 土이다. 만약 여기에 水로 적셔주고 金으로 빛을 내며 괴강(辰戌), 곤간(寅申)의 자리에 있으면 공을 드러내어 이름을 이룰 수 있다.

[貴守官藏, 眞鬼德旺.]
[귀함이 지켜지는 것은 지지에 官이 소장되어 있기 때문이며, 진귀(관성)로 인하여 덕이 왕성하다.]

戊子는 天祿合이니 乃神龍之火라 利於震巽하고 不畏水刑하며 支干得官하면 皆可顯用하니 水木盛則尤佳니라

---

33) 亥가 丁의 官이 됨.

戊子는 천록이 합하는 것이니[34] 곧 신용(神龍[35]))의 火이다. 진손(木火)방에 유리하고 水의 형극을 두려워하지 않으며, 다른 支와 干의 관성(木)을 만나면 다 현달하여 쓰일 수 있는데 水木이 성하면 더욱 아름답다.

[自有癸財, 不必會祿.]
[간지 중에 스스로 癸水재성을 지녔으니 다시 녹성을 만날 필요가 없다.]

己丑은 神頭祿이니 乃餘光不凡之火라 惟期體重하니 不假奇財며 若祿有資어나 而命有成이면 方入康榮之貴局이니라

己丑은 신두록이니[36] 곧 여광이 범상치 않은 火이다. 본체의 중함을 만났으니 기특한 재성을 필요로 하지 않으며, 녹(干)에 생조함이 있거나 명(支)에 격국이 이루어짐이 있으면 바야흐로 편안히 번영하는 귀한 명국에 들어간다.

[貴財相會, 無祿亦榮.]
[귀성과 재성이 서로 모였으니 녹이 없어도 번영한다.]

---

34) 子중 癸가 戊와 합하는데, 子는 癸의 녹.
35) 子가 辰(용)과 합함에서 나온 말.
36) 己가 丑중에 통근하여 간지가 서로 이어짐.

庚寅은 地奇備니 不避刑衝이요 寧辭衰敗하니 乃五行
堅實之木이라 若得和柔之氣하고 德貴相符하면 必作顯
揚大用이니라

庚寅은 지기(地奇)가 갖추어졌으니[37] 형충을 피하지 않고
다만 쇠패하는 곳을 사양하니 곧 오행이 견실한 木이다. 만
약 온화하고 부드러운 기를 만나고 덕귀가 서로 부합하면
반드시 현달하여 크게 쓰이는 재목이 된다.

[祿位生旺 得官鬼成]
[녹의 자리가 생왕하니 관귀를 만나면 성공한다.]

辛卯는 貴衝命이니 自旺經制之木이라 不畏霜雪하고
氣節凌雲하니 可制之以金하고 損之以火하여 而逢旺相
하면 卽成巨室之材하며 若平易而無金火하고 生於曲直
之會라도 亦爲貴重矣니라

辛卯는 귀하게 충하는 명이니[38] 스스로 왕성하여 다스리
고 제어하는 木이다. 서리와 눈을 두려워하지 않고 기개와
절개가 세속을 능가하니 그것을 金으로써 극제하고 火로써

---

37) 寅中에 甲戊庚 모두 들어있음.
38) 卯는 木의 제왕이고 辛卯는 간과 지가 상충함.

감손하여 왕상을 만나면 큰집을 지을 수 있는 재목을 이룰
수 있으며 만약 다른 간지가 평이하여 金火의 제손이 없고
亥·未와 삼합하여 곡직격을 이루더라도 또한 貴命됨이 중
하다.

[祿命相擊, 不畏官耗.]
　[녹명(干과 支)이 서로 충격해도 관성의 소모를 두려워하지 않는다.]

　壬辰은　祿淸潔하니　乃會貴守成之水라　五行不雜하고
在兌坎之間하여　無物來制면　文明淸異之資니　可享高厚之
福이니라

　壬辰은 녹이 청결하니[39] 곧 회합한 貴가 지켜지는 水이다.
다른 오행과 섞이지 않고 兌坎(金水)의 사이에 있으면서 와
서 극제하는 것이 없으면 문재(文才)가 밝고 청아하고 뛰어
난 자질이 되니 높고 두터운 복을 누릴 수 있다.

[喜於寅亥, 見戌亦淸.]
　[명중에 寅亥가 있는 것을 좋아하며 戌을 만나도 청수(淸秀)하다.]

---

39) 壬이 子에 왕하고, 子와 辰이 삼합.

癸巳는 地帶合하니 乃流遠澄淸之水라 若溢之以水면 在火木榮方하며 音中無土면 則有濟物惠施之德也니라

癸巳는 지지가 합을 대동하니[40] 곧 멀리 흐르는 맑은 水이다. 만약 명국에 水가 많아 水가 넘치면 木火가 왕성한 곳에 있어야 하며 그 가운데 土의 극제가 없으면 만물을 구제하고 은혜를 베푸는 덕이 있다.

[眞氣得用, 官氣尤淸.]
[진기(水)가 쓰임을 얻으려면 관기(土)가 더욱 맑아야 한다.]

甲午는 天符祿이니 乃沙汰之金이라 志大而有節操하니 或零火蓋之而嚴커나 或旺金集之而剛하고 不遇丁壬이라야 始可陶鎔之寶니라

甲午는 천부의 녹이니[41] 곧 모래를 물에 일어서 가려낸 金이다. 지기(志氣)가 크고 절조(節操)가 있으니 혹 불에 넣고 뚜껑을 덮어 엄중히 하거나 혹은 왕성한 金이 여기에 모여 강하게 되어야 하고 丁壬을 만나지 말아야 비로소 굽고 주조할 수 있는 보배가 된다.

---

40) 巳가 水의 장생 申과 합함.
41) 午가 甲의 천을귀인인 未와 육합함.

[祿神敗而食子, 欲妻剛而子旺.]

[녹신이 쇠패했을 때 식상인 자식을 쓰면, 처가 강해지기를 바라지만 자식 火만 왕해진다.]

乙未는 祿印綬니 乃强悍剛礦之金이라 欲金相用하면 在火盛處하며 父子相乘하면 皆爲珍寶니라

乙未는 녹과 인수이니[42] 곧 강하고 굳센 金이다. 마땅히 金의 바탕이 쓰이려면 火가 왕성한 곳에 있어야 하며, 父와 子가 서로 기세를 타고 있으면[43] 모두 진귀한 보배가 된다.

[德神當位, 喜見印官.]

[명중에 火德의 神이 합당한 자리에 있으면 印과 官을 만나는 것을 좋아한다.]

丙申은 地官承이니 乃無資之火라 金木壯旺而有制하고 得干生하면 即爲厚實이나 若祿盛而無依면 即灰飛而不熖矣니라

丙申은 지관이 이어졌는데[44] 곧 바탕이 없는 불(火)이다.

---

42) 未중 己는 乙의 재록이며 土는 납음金을 생하는 인수임.

43) 木火土金이 연이어 상생함.

44) 申은 水의 장생, 水는 丙의 官

명중에 金木이 장왕하여 마름질함이 있고, 干의 상생을 만나면 돈후견실하게 되지만 만약 녹만 왕성하고 의지할 財가 없으면 火가 다 타서 재만 날리고 불꽃이 없다.

[官在生方, 不須癸壬.]
[관성이 생왕방에 있으면 다시 癸나 壬을 필요로 하지 않는다.]

丁酉는 貴自承이니 乃平易無爲之火라 得木旺則大炎하고 見木多則成用하며 得火助則不淸하고 在火位則常存하니 人生得此면 無不貴豪니라

丁酉는 貴가 저절로 이어졌는데[45] 곧 평이하고 작위함이 없는 火이다. 木의 왕함을 만나면 크게 뜨거워지고 木이 많음을 만나면 재목의 쓰임을 이루며, 丙火의 도움을 만나면 氣가 맑지 않고 火의 자리에 있으면 항상 보존되니, 사람이 이러한 명을 만나면 귀하고 호걸하지 않음이 없다.

[丁連丙貴, 見合不淸.]
[丁의 귀인과 丙의 귀인이 서로 이어져 합함을 만나면 맑지 않다.]

---

45) 酉는 丁의 천을귀인.

戊戌은 神頭祿이니 乃不材之木이라 喜逢水旺이면 乃可資榮이니 豈厭生成이리오 伐宜金敗요 眞運自然이니 不嫌祿鬼라야 方可高崇이니라

戊戌은 신두록인데, 곧 재목이 못되는 木이므로 水의 생왕을 좋게 만나면 도움을 받아 번영할 수 있으니 어찌 생성해 줌을 싫어하겠는가. 강한 木을 베면 마땅히 약한 金이 쇠패하는 법이며 진실한 운기가 저절로 그러한 것이니 녹귀를 싫어하지 않아야 비로소 명격이 숭고하게 될 수 있다.

[明合暗官, 成於旺方.]
[明(납음木)이 暗(土)을 만난 官이니 水旺의 방에서 성공한다.]

己亥는 地官承이니 乃糞水育苗之木이라 水多土而臨旺이면 皆有成就나 然逢敗絶爲殃이니 亦主富貴榮盛이니라

己亥는 지관이 이어졌으니 곧 거름물이 싹을 기르는 木이다. 다른 간지에 水와 土가 많아 旺에 임하면 모두 성취함이 있으나 패절을 만나면 재앙이 되니 이 또한 부귀영성을 주관한다.

[干支財祿, 畏彼官鬼.]

[간지에 재록이 있을 때는 관귀의 극을 두려워한다.]

庚子는 天日承이니 乃氣過浮虛之土라 得重土相資하여 水木不剛하면 卽享福壽니라

庚子는 天日(하늘의 해)이 이어졌으니[46] 곧 기가 태과하여 들떠 있는 土이다. 많은 土를 만나 서로 도와서 水木이 강성하지 않으면 곧 수복을 누린다.

[官鬼不刑, 衰絶自保.]

[관귀가 형극하지 않으면 쇠절해도 자신을 보전한다.]

辛丑은 祿承庫[47]니 乃氣衰就本之土라 欲承之以火커나 制之以木이요 或重遇木土有刑衝이면 須假祿元生旺이니 造化應斯功名可立이니라

辛丑은 녹고(祿庫)[48]가 이어졌으니 곧 기가 쇠하여 근본에 나아가는 土이다. 마땅히 火로써 잇거나 木으로 극제해야 하며 혹 거듭 木과 土를 만나 형충이 있으면 반드시 녹원의

---

46) 천간이 지지를 생함.

47) 祿承庫는 祿庫承으로 되어야 함.

48) 丑이 辛의 金庫.

생왕을 빌려야 하니 조화가 상응하면 공명을 세울 수 있다.

[官鬼不加, 祿剛則貴.]

[관귀가 가해지지 않고 녹이 강하면 귀하다.]

壬寅은 地會義니 乃藏用體柔之金이라 喜土資之以旺이
요 財官不可太剛이니 若能應此면 富貴始得久遠이니라

壬寅은 지지에 뜻이 모였으니49) 곧 지지에 작용을 간직하
고 본체는 부드러운 金이다. 土가 金을 도와 생왕케 하는 것
이 좋고 재관이 너무 강해서는 안 되니, 만약 명격이 이러함
에 상응할 수 있으면 부귀가 비로소 오래갈 수 있을 것이다.

[艮土包命, 祿須貴旺.]

[艮土가 命을 감싸고 있으니 녹이 모름지기 귀하고 왕하다.]

癸卯는 貴會源이니 乃財旺體弱之金이라 財命相乘하
면 喜身在生旺之方하니 或得眞官眞氣면 無不配合하여
貴源莫不易而厚祿也니라

癸卯는 귀함이 근원이 모여 있는데50) 곧 재가 왕하고 본

---

49) 납음이 천간을 생하고 천간이 지지를 생하여 지지에 기가 모여 있음.
50) 납음 金이 천간 癸를 생함.

체가 약한 金이다. 명국에 木과 金이 많아서 재명(財지지卯)이 서로 기회를 타면 身이 생왕방에 있는 것이 좋으니 혹 진관이나 진기를 만나면 배합하지 않음이 없어서 貴의 근원이 쉽게 나타나지 않음이 없고 녹이 두터울 것이다.

[貴源多會, 不在多逢.]
[貴의 근원이 많이 모이는 것은 재관을 많이 만나는 데에 있지 않다.]

甲辰은 祿馬承이니 乃始壯之火라 欲多生我하니 或會本源이나 却無炎光之極하면 自然超卓하나니 水輕而無土면 亦可騰達矣니라

甲辰은 녹과 마가 이어졌으니[51] 곧 장성해지기 시작하는 火이므로 木으로 我火를 생함이 많아야 하는데, 혹 火의 본원과 회합하더라도 오히려 염광(강렬한 火)의 지극함이 없으면 저절로 뛰어날 것이니 水가 경미하고 土가 없으면 또한 현달할 수 있다.

[甲丙生寅, 明我生氣.]
[甲과 丙이 寅을 생왕케 하여 본명의 생기를 밝게 해야 한다.]

---

51) 납음 火의 장생이 寅이고 甲의 녹이 寅이며 辰의 역마도 寅임.

乙巳는 地官承이니 乃進功之火라 欲輔助之不息하고
不必旺極하니 得木火相乘하면 雖死敗而可貴니라

乙巳는 지관이 이어졌는데[52] 곧 공을 비추는 火이므로 木
의 보조가 멈추지 않아야 하고 火의 극왕을 필요로 하지 않
으니 木火의 상생을 만나면 비록 사패의 자리일지라도 귀하
게 될 수 있다.

[或同音煞丙, 亦生貴.]
[혹 같은 납음(金水)이 丙火를 극하더라도 또한 귀함을 발생한다.]

丙午는 神頭祿이니 乃至陰之水라 發於陽明하니 蒸氣
氤氳이 何所不及이리오 處金木旺而衝刑祿이면 得炎而
財盛이라야 始可貴矣니라

丙午는 신두록[53]인데 곧 음이 지극한 水이다. 양이 지극
한 데에서 발생하니 그 증기의 왕성함이 어느 곳인들 미치
지 않겠는가. 金木이 많은 곳에 머물러서 녹이 형충을 당하
게 되면 火를 만나서 財가 왕성해야 비로소 귀하게 될 수
있다.

---

52) 巳중 庚이 乙의 官.
53) 간지가 서로 이어지고 丙이 午의 제왕.

[身同官鬼, 不避掩衝.]

[身(납음)이 丙午의 관귀인데 火가 왕하면 엄충(형충)을 피하지 않는다.]

丁未는 祿文承이니 乃祿旺育生之水라 宜於水火之中
엔 得五行死敗之氣요 祿干自旺이며 財貴會於乾方하면
乃富貴顯揚之用이요 惟嫌土在旺鄕이니 即非長久니라

丁未는 녹의 문채가 이어졌으니[54] 곧 재록이 왕성하고 생
명을 기르는 水이다. 마땅히 다른 간지의 水火 가운데에서
는 (납음水의 입장에서는) 오행 중 사패의 기를 만나는 것이
고 천간 丁은 스스로 왕해지는 것이며, (타 간지에 戌亥가
있어서) 재귀가 건(戌亥)방에 모이면 곧 부귀가 드러나는 용
도가 되며, 오직 土가 왕성한 자리에 있는 것을 싫어하니
곧 부귀가 장구하지 않기 때문이다.

[喜遇丙丁, 畏官當用.]

[丙丁을 만나는 것이 좋고, 土官이 쓰이는 것이 두렵다.]

戊申은 地符會니 乃柔順發生之土라 喜臨四季하고 得
木爲榮하며 獨居水火榮方이면 未得尊高之著니라

---

54) 丁의 녹午가 未와 상합함.

戊申은 땅의 신표가 모인 것이니[55] 곧 유순하게 발생하는 土이다. 사계(辰戌丑未)에 임하는 것을 좋아하고 木을 만나면 영화롭게 되며, 다만 水火가 번영하는 곳에 머물면 높게 드러나는 명을 얻지 못한다.

[眞官符用, 不畏鬼臨.]

[진관(木)이 쓰임에 부합하니 鬼(木)가 임함을 두려워하지 않는다.]

己酉는 地貴承이니 乃子旺母衰之土라 喜火土之榮하고 慶從革之地하며 或水輕木柔도 亦是滋生之德이니 儻能應此면 軒冕非難이니라

己酉는 지귀가 이어졌는데[56] 곧 자식(金)이 왕성하고 母(土)가 쇠약한 土이다. 火土의 생조를 좋아하고 종혁의 자리를 기뻐하며, 혹 水가 경미하고 木이 부드러운 것도 역시 金을 자생케 하는 덕이니 만일 이러한 명격에 부응할 수 있다면 고관후록(高官厚祿)이 어렵지 않다.

[不必正應, 要臨辛丙.]

[바르게 갖추어 부응할 필요는 없으니 천간에 辛이나 丙만 임하면 된다.]

---

55) 천간과 납음土가 지지申을 생하기 때문.
56) 천간과 납음土가 지지酉를 생함.

庚戌은 祿符源이니 乃鈍弱成用之金이라 火輕金重하고 魁罡相乘하면 可以休逸하여 福祿自然하며 忌木火之極하니 則命迍蹇이니라

庚戌은 녹부의 근원인데 곧 둔약하게 쓰이는 金이다. 火가 경미하고 金이 많아 괴강과 상생하면 기쁘고 편안하여 복록을 자연스럽게 누릴 수 있으며, 木火가 지극하여 金을 극함을 꺼리니 곧 명운이 험준하게 막히기 때문이다.

[旺逢妻鬼, 遇鬼反榮.]

[왕한 金이 妻鬼(木火 재관)를 만나거나 약한 鬼(火)를 만나면 도리어 번영한다.]

辛亥는 地祿印이니 乃木旺祿休之金이라 得平火之革하여 然後制于尅伐커나 或衝擊於金水之中하면 得以平安守職하여 富貴優游니라

辛亥는 지록의 인이니[57] 곧 木이 왕하고 녹이 휴(休)하는 金이다. 평온한 火의 개혁(단련)을 만나 그러한 뒤에 극벌에 억제되거나 혹 金水 중에서 충격함이 있으면 평안하게 직무를 지키고 부귀하면서 유유자적할 수 있다.

---

57) 천간辛과 납음이 지지亥의 인성임.

[喜於金助, 不畏丁鬼.]

[金의 도움을 좋아하고 丁鬼를 두려워하지 않는다.]

壬子는 神頭祿이니 乃體柔用剛之木이라 居旺相而得金하고 遇貴地而無火면 則可以揚名當世니라

임자는 신두록이니[58] 곧 본체는 부드럽고 작용이 강한 木이다. 木이 왕상한 자리에 머물면서 金을 만나고, 귀한 자리(貴地)를 만나면서 火가 없으면 그 시대에 이름을 드날릴 수 있다.

[祿旺須官, 音盛畏鬼.]

[녹이 왕성하면 관성을 필요로 하며, 납음木이 왕성하면 관귀의 극충을 두려워한다.]

癸丑은 祿得源이니 乃剛柔相濟之木이라 水土承於旺方하니 則生育利物하고 金制於生成이면 皆可以立功立事로되 惟恐生旺逢火니라

癸丑은 녹이 근원을 얻었으니[59] 곧 강유가 서로 이루어주는 木이다. 水土가 왕방에 이어졌으니 곧 만물을 이롭게 생

---

58) 간지가 서로 이어지고 子가 壬의 제왕임.
59) 癸의 녹은 子, 子의 근원은 金, 丑은 金의 고.

육하게 되고 金이 생성을 극제하면 모두 공을 세우고 일을 이룰 수 있는데, 다만 생왕한 金官이 火(丙)를 만나는 것을 두려워한다.

[祿居北地, 畏鬼掩衝.]
[녹이 북방에 있으니 鬼의 형충을 두려워한다.]

甲寅은 神頭祿이니 乃淵深處靜之水라 若資之木旺土衰면 則爲奇特貴異니라

甲寅은 신두록이니[60] 곧 깊은 연못 조용한 곳에 있는 水이다. 만약 간지를 도와 木이 왕성해지고 土가 쇠약해지면, 기특하고 귀함이 빼어난 격국(命)이 된다.

[庚辛不畏, 淸在丁壬.]
[庚辛은 두렵지 않고, 청수함은 丁壬(木旺)에 있다.]

乙卯는 神頭祿이니 乃死中受氣之水라 雖敗無妨하며 或會源於音地면 未有不達之者하니 此—[61] 水皆喜土而淸하며 若水多而無土면 則爲伏寒之氣니라

---

60) 甲의 녹이 寅.
61) 문맥상 二가 되어야 함.

乙卯는 신두록이니 곧 死 가운데에서 기를 받는 水이므로, 비록 쇠패해도 무방하며 혹 납음의 자리(水)에서 근원을 만나면 현달하지 않는 경우가 없으니, 이 두 水[62]는 모두 土가 있어서 청해지는 것을 좋아하며, 만약 水가 많은데 土가 없으면 水寒(水의 한기)을 감추고 있는 기세가 된다.

[癸馬爲官, 勝於戊己.]

[子午[63]를 官으로 삼는 것이 戊己土를 쓰는 것보다 낫다.]

丙辰은 祿自裕니 乃發施養生之土라 喜於火助요 不畏掩衝이니 夫如是者는 自然榮貴니라

丙辰은 녹이 저절로 넉넉하니 곧 공력을 베풀어 만물을 양생하는 土이다. 火의 생조를 좋아하고, 가리고 충하는 것을 두려워하지 않으니 무릇 이와 같은 것(命)은 저절로 번영하고 귀하게 된다.

[水在庫中, 無官自裕.]

[丙의 관성인 水가 庫(辰) 중에 있으니, 官의 형극이 없어도 저절로 여유롭다.]

---

62) 납음과 水의 근원.
63) 癸: 子의 정기, 馬: 지지 午.

丁巳는 神頭祿이니 是絶中受氣之土라 喜逢土助하고
不畏死敗하니 惟能朝命建元이면 可以文章妙選이니라

丁巳는 신두록이니 곧 절(絶) 중에 기를 받는 土이다. 土의
생조를 좋아하고, 사패를 두려워하지 않는데, 오직 命을 향
하여 근원을 세우면[64] 문장으로 묘하게 빼어날 수 있다.

[上下火乘, 鬼無害也.]
[천간과 지지에 火가 타고 있으니, 鬼(水)가 해칠 수 없다.]

戊午는 天祿備니 乃神發離明之火라 旺中受絶하니 喜
木助於衰方이요 忌火乘於已旺이니 生之應此면 必作魁
英이니라

戊午는 천록이 갖추어졌으니[65] 곧 신묘하게 발하는 밝은
火이다. 旺 중에서는 絶을 당하니, 쇠약한 곳에서는 木의 생
조를 좋아하며 이미 왕성한 자리에서는 火가 타고 있는 것
을 꺼리니, 생왕함이 여기에 부응하면 반드시 으뜸으로 뛰
어나게 된다.

---

64) 타 간지가 丁火를 향하고 土를 생함.
65) 천간록 戊가 火의 왕지에 앉아 있음.

[眞假居壯, 水盛不傷.]

[납음의 火와 지지 午火가 장왕(壯旺)의 자리에 있으면, 水가 성해도 해치지 못한다.]

己未는 神頭祿이니 乃成功之火라 得季夏之炎陽하여
守小吉之貴地하고 生自東北之南하여 有所資附하면 則
能享福厚矣니라

己未는 신두록이니 곧 공을 이루는 火이다. 계하(未)의 뜨거운 볕을 만나서 소길의 귀지(未)를 지키고, 동북의 남(동남방)에서 생조하여 의지하여 기댈 곳이 있으면 두터운 복을 누릴 수 있다.

[甲己扶持, 不須更旺.]

[甲과 己가 서로 돕고 지키면 다시 왕해질 필요가 없다.]

庚申은 神頭祿이니 乃未堅柔末之木이라 春相夏旺하
니 金重而得火하고 土重而得水하면 則爲出常之器니라

庚申은 신두록이니 곧 줄기가 견고하지 않고 곁가지가 부드러운 木이다. 봄에는 相, 여름에는 旺하니, 타 간지에 金이 중할 때 火를 만나고, 土가 중할 때 水를 만나면, 범상함을 벗어난 그릇이 된다.

[不畏陽官, 要官鬼旺.]
[양관을 두려워하지 않으려면 반드시 官鬼가 왕해야 한다.]

辛酉는 神頭祿이니 乃包秀結英之木이라 喜於生旺하고 忌見金多하며 得土水相乘하면 爲物之貴하니 二者各旺而不得水라도 亦爲奇特之材니라

辛酉는 신두록이니 곧 수기(秀氣)가 뛰어난 木이다. 생왕地를 좋아하고 金이 많은 것을 꺼리며, 土와 水를 만나 서로 기세를 타면 물건 됨이 귀해지는데, 두 가지가 각각 왕성하고 水를 얻지 못하더라도 또한 기특한 재목이 된다.

[不嫌官鬼, 厭甲爲財.]
[관귀를 두려워하지 않고, 甲이 財가 되는 것을 싫어한다.]

壬戌은 祿官順이니 乃杳冥之水라 喜於死敗하니 要土之擊發이라야 則能博施之功及物也니라

壬戌은 녹관이 거스르지 않으니[66] 곧 아득하고 끝이 없는

---

66) 壬의 관戌, 戌 중 辛이 납음水를 생함.

水이다. 사패地에 깊이 가라앉는 것을 좋아하니 반드시 土의 격발이 있어야만 널리 베푸는 공이 만물에 미칠 수 있다.

[正氣自守, 持祿亦榮.]
[정기를 스스로 지키니 녹을 지니면 또한 영화롭다.]

癸亥는 神頭祿이니 乃始進成終之水라 喜逢貴地하고 忌在祿鄉하니 三元相反하면 福慶自然이니 蓋其爲用也가 大而廣이라 故不可以守常爲尚이니 須升而爲雨霧요 散而爲江河가 乃爲大用也니라

癸亥는 신두록이니 곧 나아감을 시작하고 끝을 이루는 水이다. 貴地를 만나는 것을 좋아하고 녹향(水)에 있는 것을 꺼리므로, 三元과 상반되는 오행을 쓰면 복과 경사가 저절로 이를 것이니, 이것은 그 작용이 크고 넓기 때문에 일정한 상태를 지키는 것을 숭상해서는 안 되니, 반드시 올라가서는 비와 안개가 되고 흩어져서는 江河가 되는 것이 곧 癸亥의 큰 작용이기 때문이다.

此六十位는 五行支干相乘이라 要分輕重하니 若金溺水下요 火出水上에 木不得金之所制면 木無成也니 如

甲子乙亥是也며 金溺水下요 火出水上에 金不得火之所
制면 金無成也니 如辛亥之金이 是也니라 夫如是而推
伏現之情하면 則造化之機自理니라

이 육십 가지는 천간과 지지와 납음의 오행이 서로 기세
를 타고 있으므로 반드시 경중을 분별해야 하니, 가령 金이
水下에 빠져 있고 火가 水上에 나와 있을 때 木이 金의 극제
를 만나지 못하는 경우에는 木이 그릇을 이룰 수 없으니 예
컨대 甲子와 乙亥의 木이 이 경우이며, 金이 水下에 빠져 있
고 火가 水上에 나와 있을 때 金이 火의 극제를 만나지 못하
는 경우에는 金이 그릇을 이룰 수 없으니 예컨대 辛亥의 金
이 이 경우이니, 무릇 이와 같은 것은 숨어 있거나 드러난
상황을 추측하면 조화의 기미가 저절로 이해될 것이다.

[鬼谷子, 以此十二音五行, 分輕重之用, 以推通變之妙者, 尚恐
人執守方隅, 故言稱顯隱可測造化之說也.]

[귀곡자가 이 십이지지의 오행으로 경중의 작용을 분별하여 통변의
묘를 추측하게 한 것은, 틀림없이 사람들이 한쪽 귀퉁이만을 고집할까
염려했기 때문이니, 그러므로 드러나고 숨어있는 상황을 헤아리면 조
화의 기미를 추측할 수 있다는 말을 한 것이다.]

本家貴人命 본가귀인명

　本家貴人命者는 如甲人有戊有庚有丑有未, 是也며 大
貴는 如甲人得丁丑辛未로 又其次也니 蓋甲年丑上遁得
丁하고 未上遁得辛也라 更有一種貴人하니 亦爲福甚重
하여 得者必貴하나니 甲戊庚得乙丑癸未하고 乙得庚子
戊申하고 己得丙子甲申하고 丙丁得丁酉乙亥하고 壬癸
得乙卯癸巳하고 六辛得丙寅戊午, 是也라 甲陽木戊陽
土庚陽金이니 皆喜土位하니 而未者土之正位요 丑者土
之安靜之地라 故以牛羊爲貴로되 然細分之하면 則甲尤喜
未하고 庚尤喜丑하여 各歸其庫也니라

　'본가귀인'명은 예컨대 甲人이 천간에 戊와 庚이 있고 지
지에 丑과 未가 있는 것이 그것이며, '대귀'는 예컨대 甲人
이 丁丑과 辛未를 만나는 것으로 다시 또 그 다음이니, 甲年
이 丑상에서 丁을 만나고 未상에서 辛을 만나는 것이다. 다

시 한 가지의 귀인이 있는데 이것 역시 복이 매우 중하여 이 귀인을 얻은 자는 반드시 귀하게 되니 甲戊庚이 乙丑·癸未를 만나고, 乙이 庚子·戊申을 만나고, 己가 丙子·甲申을 만나고, 丙丁이 丁酉·乙亥를 만나고, 壬癸가 乙卯·癸巳를 만나고, 六辛이 丙寅이나 戊午를 만나는 것이 그것이다. 甲은 陽木, 戊는 陽土, 庚은 陽金으로 모두 土의 자리를 좋아하는 데 未는 土의 정위(正位)이고 丑은 土의 안정된 자리이므로 牛(丑)와 羊(未)을 귀하게 여기는 것이지만, 그러나 이것을 자세히 분별하면 甲은 未를 더욱 좋아하고 庚은 丑을 더욱 좋아하여 각각 그의 묘고(墓庫)에 돌아가는 것이다.

戊子戊寅戊午는 喜丑하니 丑者는 火人胎養之鄕이며 戊辰戊申戊戌은 喜未하니 未者는 木人之庫요 土人生旺之地也니라 乙者陰木이요 己者陰土也니 陰土喜生旺하고 陰木喜陽水라 所以鼠猴爲貴로되 然乙尤喜申하니 申者는 木之絶鄕也며 己尤喜子하니 子者는 坤之正位也니라

戊子·戊寅·戊午는 丑을 좋아하는데 丑은 火人의 태양(胎養)의 향이며, 戊辰·戊申·戊戌은 未를 좋아하는데 未는 木人의 고(庫)이며 土人의 생왕지이다. 乙은 陰木이고 己는 陰土

인데 陰土는 생왕(生旺)을 좋아하고 陰木은 陽水를 좋아하므로 쥐(子)와 원숭이(申)를 귀하게 여기는 바이지만, 그러나 乙은 申을 더욱 좋아하니 申은 木의 절(絶)지이고, 己는 子를 더욱 좋아하니 子는 坤의 정위이다.

　丙丁屬火하고 火墓在戌하며 壬癸屬水하고 墓在辰하니 辰戌爲魁罡之地니 貴人所不臨이라 故尋寄火貴於酉亥하고 寄水貴於卯巳하니 皆歸静復之郷이라 六辛陰金은 喜陽火生旺之地라 故以馬虎爲貴하니 雖然宜以納音互換推尋하여 須皆和則其貴爲福이니 若丙寅火得酉인댄 則火至此하여 焉足爲貴哉리오

　丙丁은 火에 속하고 火의 묘는 戌에 있으며, 壬癸는 水에 속하고 水의 묘는 辰에 있는데, 辰戌은 괴강의 자리이니 귀인이 임하지 않는 곳이므로, 대체로 火에 기탁할 때에는 酉亥를 귀하게 여기고 水에 기탁할 때에는 卯巳를 귀하게 여기는 것이니 모두 조용히 머물 곳으로 돌아가는 것이다. 六辛 陰金은 陽火의 생왕지를 좋아하므로 말(午)과 범(寅)을 귀하게 여기는데 그러나 마땅히 납음으로 서로 번갈아 미루어 찾아서 반드시 모두 조화를 이루어야만 그 귀함이 복이 되는 것이니, 가령 丙寅火가 酉를 만난 경우에는 火가 여기

에 이르러 어찌 귀하게 될 수 있겠는가?

[廣錄.]
[「광록」]

　天乙貴人者는 三命中最吉之神也니 若人遇之면 主榮
名早達하고 官祿易進하며 若更三命皆乘旺氣면 終登將
相公卿之位하며 大小運行年至此도 亦主遷官進財하나
니 一切加臨至此면 皆爲吉兆니라

　천을귀인은 삼명(祿·命·身) 중 가장 길한 神이니, 만약
사람이 이것을 만나면 주로 영화로운 명성이 일찍 달성되
고 관록이 쉽게 이루어지며, 만약 다시 삼명이 모두 왕성한
기세를 타면 마침내 장상과 공경의 자리에 오르며, 대운·
소운·행년이 여기에 이르러도 또한 주로 관직이 오르고
재물이 이루어지는 것이니, 모든 임하는 운기가 여기에 이
르면 다 길조가 되는 것이다.

[三命指掌.]
[「삼명지장」]

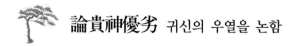

論貴神優劣 귀신의 우열을 논함

論貴神優劣[67]컨대 乙丑文星貴神, 乙未華蓋貴神[截路空亡], 丁未退神羊刃貴神[一云半吉], 己未羊刃貴神[一云半吉], 辛未華蓋貴神[一云空亡大敗], 癸未伏神華蓋貴神이며 [已上, 甲戌庚人月日時貴神.]

귀신의 우열을 논하자면, 乙丑은 문성귀신, 乙未는 화개귀신[절로공망], 丁未는 퇴신양인귀신[일설에는 반길], 己未는 양인귀신[일설에는 반길], 辛未는 화개귀신[일설에는 공망·대패라고 함], 癸未는 복신화개귀신이며,[이상은 甲戌庚인의 월일시의 귀신임.]

甲子進神貴神, 丙子交神貴神, 戊子伏神貴神, 庚子德合貴神, 壬子羊刃貴神, 甲申截路空亡貴神[一云半吉], 丙

---

67) 예컨대 甲戌庚人은 丑·未가 천을귀인인데 그 중에 아래 기록한 바와 같이 길신과 반길신이 있음.

申大敗貴神, 戊申伏馬貴神, 庚申建祿馬貴神, 壬申大敗
貴神이며[一云半吉. 已上, 乙己人月日時貴神]

甲子는 진신귀신, 丙子는 교신귀신, 戊子는 복신귀신, 庚子
는 덕합귀신, 壬子는 양인귀신, 甲申은 절로공망귀신[일설에
반길], 丙申은 대패귀신, 戊申은 복마귀신, 庚申은 건록마귀
신, 壬申은 대패귀신이며,[일설에 반길이라 했음. 이상은 乙己
인의 월일시의 귀신임.]

乙酉破祿貴神, 丁酉喜神貴神[一云大敗], 己酉進神貴
神, 辛酉建祿交貴神, 癸酉伏神貴神[一云吉], 乙亥天德貴
神, 丁亥文星貴神이며[已上, 丙丁人月日時貴神.],

乙酉는 파록귀신, 丁酉는 희신귀신[일설에 대패], 己酉는 진
신귀신, 辛酉는 건록교귀신, 癸酉는 복신귀신[일설에 길], 乙
亥는 천덕귀신, 丁亥는 문성귀신이며,[이상은 丙丁인의 월일시
의 귀신임.]

甲午進神貴神, 丙午交羊刃貴神[一云半吉], 戊午伏羊刃
貴神, 庚午文星截路貴神[一云半吉], 壬午祿旺氣貴神, 甲
寅文星建祿貴神, 丙寅文星貴神, 戊寅伏馬貴神, 庚寅破

祿馬貴神, 壬寅截路貴神이며[已上, 六辛人月日時貴神.],

甲午는 진신귀신, 丙午는 교양인귀신[일설에 반길], 戊午는 복양인귀신, 庚午는 문성절로귀신[일설에 반길], 壬午는 녹왕기귀신, 甲寅은 문성건록귀신, 丙寅은 문성귀신, 戊寅은 복마귀신, 庚寅은 파록마귀신, 壬寅은 절로귀신이며,[이상은 六辛인의 월일시의 귀신임.]

乙卯天喜貴神, 丁卯截路貴神[一云半吉], 己卯進神貴神, 辛卯交破祿貴神, 癸卯旺祿貴神, 乙巳正祿馬貴神, 丁巳九天祿庫貴神, 己巳九天祿馬庫貴神, 辛巳截路貴神[一云半吉], 癸巳伏馬貴神이라[已上, 壬癸人月日時貴神.]

乙卯는 천희귀신, 丁卯는 절로귀신[일설에 반길], 己卯는 진신귀신, 辛卯는 교파록귀신, 癸卯는 왕록귀신, 乙巳는 정록마귀신, 丁巳는 구천녹고귀신, 己巳는 구천록마고귀신, 辛巳는 절로귀신[일설에 반길], 癸巳는 복마귀신이다.[이상은 壬癸인의 월일시의 귀신임.][68]

---

68) * 進交退伏神진교퇴복신(年月日時 同論)
　　　進神진신: 甲子, 甲午, 己卯, 己酉, 交神교신: 丙子, 丙午, 辛卯, 辛酉
　　　退神퇴신: 丁丑, 丁未, 壬辰, 壬戌, 伏神복신: 戊寅, 戊申, 癸巳, 癸亥
　　* 截路空亡절로공망(日을 기준, 神煞)
　　　甲-申, 乙-未, 丙-辰, 丁-卯, 戊-戌, 己-酉, 庚-午, 辛-巳, 壬-寅, 癸-亥

凡如此已上貴神이 若與祿馬同窠하고 不犯交退伏神하며 支干相合者는 定須官高職淸하며 若無德更値空亡交退伏神하며 五行無氣면 至死不貴니 緊要在月日時支干相合하면 則爲吉이요 不然이면 乃庸常流也니라

무릇 이와 같은 이상의 貴神이 만약 녹마와 자리를 같이 하고, 교퇴복신을 범하지 않으며, 간지와 상합하는 경우에는 반드시 관직이 높고 청명하며, 만약 덕이 없고 다시 공망이나 교·퇴·복신을 만나며 오행이 無氣(衰·絶·休·囚)하면 죽을 때까지 귀하게 되지 않는 것이니, 긴요한 것은 월일시에서 간지와 상합하면 길하게 되고, 그렇지 않으면 곧 평범한 부류의 사람인 것이다.

[並同, 金書命訣.]
[모두 「금서명결」과 같다.]

此格有三하니 干合爲上이요 支合次之며 無合又次之니 如甲子己未는 此爲上格이니 蓋甲己合也니라 無死絶衝破空亡하고 更有福神助之면 當極一品之貴宰하고 有死絶 爲鄙吝殺也커나 如有死絶衝破空亡之類는 只作正郎員郎이나 然多難無福耳니라

이 귀인의 격국에 세 가지가 있는데, 천간의 상합이 최상이고 지지의 상합이 그 다음이며 합이 없는 것은 또 그 다음이니, 예컨대 甲子와 己未는 최상의 격국이니 그것은 甲己가 상합하기 때문이다. 사·절·충·파·공망이 없고 다시 또 복신이 그것을 도우면 마땅히 일품의 귀한 재상에 이르고, 사·절이나 비린이 되는 살이 있거나 또는 사·절·충·파·공망이 있는 부류는 다만 정랑이나 원랑이 될 수는 있으나 재난이 많고 복이 없을 뿐이다.

如戊子己丑은 此爲次格이니 若無死絶衝破空亡이면 須作兩制兩省하니 少年登科하여 當居淸要華近之選하고 更有福神相助하면 爲兩府矣나 有死絶卽減作正郎員郎하여 亦須有職名이나 若有衝破空亡하면 只作一多難州縣官하여 晩年得至朝官極矣니라

예컨대 戊子와 己丑은 그 다음의 격국이니, 만약 사·절·충·파·공망이 없으면 반드시 두 성(상서성, 중서성)에서 두 제(내제, 외제)가 될 것인데 소년에 등과하여 마땅히 중요한 관직과 임금을 가까이 모시는 인재의 자리에 머물고 다시 또 복신이 서로 도우면 양 부(승상부, 어사부)가 될 것이나, 사·절이 있으면 벼슬이 감하여 정랑이나 원랑이 되

어 또한 반드시 관직의 이름이 있지만, 만약 충·파·공망 이 있으면 다만 어떤 재난이 많은 주나 현의 관리가 되었다가 만년에야 조정관리의 지극함에 이를 수 있다.

如辛未庚寅은 此爲第三等이니 若無死絶衝破空亡이면 卽作正郎卿監하니 少達歷淸要差遣하고 更有福神爲之助면 往往爲兩制矣니 若有死絶하면 卽作員郎京朝官하고 更有衝破空亡이면 平生多難하며 只作州縣卑冗之官이니 縱得改官易位나 壽不永矣니라

예컨대 辛未와 庚寅은 세 번째 등급이니, 만약 사·절·충·파·공망이 없으면 정랑이나 경감이 될 것인데 어려서 입신하여 중요한 관직과 지방관리를 거치고 또 복신이 돕게 되면 가끔 양 제가 되기도 하는데, 만약 사·절이 있으면 원랑이나 경조관이 되며, 다시 또 충·파·공망이 있으면 평생토록 재난이 많으며 다만 주·현의 하급관리가 될 뿐이니 비록 관직을 바꾸고 지위를 바꿀 수 있더라도 그 수명이 길지 않다.

[林開五命.]
[「임개오명」]

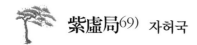

紫虛局[69] 자허국

貴人交互人多貴요　旺氣相乘館殿資니　切莫五行傷著
主하라　令人閒地冷淸虛니라

귀인의 간지가 서로 합을 이루면 귀하게 되는 사람이 많
고, 왕성한 기운이 서로 기세를 타면 관전[70]의 자질이므로
절대로 다른 오행이 주된 명을 손상하지 말아야 하니, 사람
으로 하여금 한가한 자리가 되게 하여 쓸쓸하고 맑고 공허
하게 된다.

[寸珠尺璧[71], 凡月日時互換見貴, 太歲不帶者, 不貴.]
[「촌주척벽」에서 云했다. 무릇 월 일 시에 번갈아 貴를 나
타내더라도 태세에 있지 않으면 귀하지 않다.]

---

69) 책명으로 본명은 『紫虛先生局』임.
70) 관청의 우두머리
71) 寸珠尺璧은 책이름

貴合貴食 귀합과 귀식

有貴合則官位穹崇하고 所作契合하며 有貴食則祿豐
足하고 所成造望하나니 如甲戊庚은 貴在丑未하니 甲
得己丑己未하고 戊得癸丑癸未하고 庚得乙丑乙未하며
乙己貴在申子하니 乙得庚子庚申하고 己得甲子甲申하
며 丙丁貴在亥酉하니 丙得辛酉辛亥하고 丁得壬寅壬辰
이니 如此之類를 謂之貴合이라 하며

　귀합이 있으면 관위가 높이 솟고 행하는 바가 잘 부합하
며, 귀식이 있으면 녹이 풍족하고 성취하는 바가 소망에 다
다르는 것인데, 예컨대 甲戊庚은 귀인이 丑未에 있으니 甲이
己丑이나 己未를 만나고 戊가 癸丑이나 癸未를 만나고 庚이
乙丑이나 乙未를 만나는 경우와, 乙과 己는 귀인이 申子에 있
으니 乙이 庚子나 庚申을 만나고 己가 甲子나 甲申을 만나는
경우와, 丙과 丁은 귀인이 亥酉에 있으니 丙이 辛酉나 辛亥를

만나고 丁이 壬寅이나 壬辰을 만나는 경우 등이니 이와 같
은 부류를 '귀합'이라 하며,

甲食丙이요 乙食丁이니 丙丁貴在酉亥하니 甲得丙寅
丙辰하고 乙得丁酉丁亥하며 庚食壬이요 辛食癸니 壬
癸貴在卯巳하니 庚得壬申壬戌하고 辛得癸卯癸巳니 如
此之類를 謂之貴食이라하니 有貴合則官多稱意요 有貴
食則祿多稱意니 二者兼之면 官高祿重하여 無往不利니라

甲의 식신은 丙이고 乙의 식신은 丁인데, 丙丁은 귀인이 酉
亥에 있으니, 甲이 丙寅이나 丙辰을 만나고 乙이 丁酉나 丁亥
를 만나며, 庚의 식신은 壬이고 辛의 식신은 癸인데, 壬癸의
귀인이 卯巳에 있으니, 庚이 壬申이나 壬戌을 만나고 辛이 癸
卯나 癸巳를 만나는 경우 등이니 이와 같은 부류를 '귀식'이
라 하니, 귀합이 있으면 관직이 높아져서 마음에 알맞고, 귀
식이 있으면 녹이 많아져서 마음에 드는 것인데, 두 가지를
겸하면 관직이 높고 녹이 무거워서 가는 곳마다 이롭지 않
음이 없다.

[閻東叟書.]
[「염동수서」]

天乙貴神合者는 謂天乙在貴神亦合上是也니 甲戊庚
在子午요 乙己在丑巳요 丙丁在寅辰이요 壬癸在申戌이
요 辛在亥未니 皆主大福이라 遇兩合以上者主貴니라

천을귀신이 상합한다는 것은, 천을에 귀신이 있어서 역시
위로 합한다고 말한 것이 이것이니, 甲戊庚의 귀신[72]은 子午
에 있고 乙己의 귀신은 丑巳[73]에 있으며 丙丁은 寅辰[74]에 있
고 壬癸는 申戌[75]에 있으며 辛의 귀신은 亥未[76]에 있는데,
모두 대복을 주관하므로 두 가지 이상의 합을 만나는 경우
에는 貴를 주관한다.

[三命提擧.]
[「삼명제거」]

---

72) 甲戊庚이 상합하는 귀신. 甲戊庚의 천을귀인은 丑未인데 子午와 子丑, 午未로 합이 됨.
73) 乙己의 천을귀인 子申과 子丑, 巳申 합됨.
74) 丙丁의 천을귀인 酉亥와 寅亥, 辰酉 합됨.
75) 壬癸의 천을귀인 卯巳와 巳申, 卯戌 합됨.
76) 辛의 천을귀인 寅午와 寅亥, 午未 합됨.

李虛中命書　卷中

第一篇 通理物化 만물의 변화를 꿰뚫어 이해하다

清氣濁氣
청기와 탁기

清氣陽爲天이니 杳杳而上衝乎陽이요 濁氣陰爲地니
冥冥而下從其物이니라

청기는 양이 되어 하늘을 이루었으니 아득히 위로 올라
가 양으로 치솟고, 탁기는 음이 되어 땅을 이루었으니 그윽
이 아래로 낙하하여 만물을 따른 것이다.

[太虛之先升寂, 何有至精感微, 而眞一生焉. 眞一運靈, 而元氣
自化. 自化元氣者, 乃無中之有, 有中之無, 廣不可量, 微不可察,
氤氲漸著, 混漠無倪, 萬象之端, 朕兆於此. 於是, 有淸通澄朗之氣,
化而爲天, 濁滯煩昧之氣, 積而爲地. 故淸者自濁而澄, 高者自下而

上. 天高而浮, 地厚而沈. 浮者有彰動之象, 故爲陽. 沈者有寂沒之理, 故爲陰. 淸者上騰, 高而純陽, 故充滿. 濁者下沈, 密而純陰, 故冥寂, 而萬物從化之. 故衝於上者爲陽, 而生萬物, 沈於下者爲陰, 而成萬物, 然而實始於一者也.]

[태허의 初에 고요함을 이루었을 때 어떤 지극히 정밀하고 감동이 자세한 것이 있어서 진일(태극)이 거기에서 생겼으며 진일이 신령스러운 기운을 운용(運用)하고 그 원기가 스스로 변화하였으니, 스스로 변화된 원기란 곧 無中에서 有가 생기고 有中에서 無가 생기는 변화이므로 광대하여 헤아릴 수 없고 미세하여 살필 수 없으며 천지의 왕성한 기운이 점점 드러나 혼돈하고 막막하여 끝이 없는데 만상의 단서가 여기에서 비롯되었으니, 이에 청명하게 통하는 맑고 밝은 기운은 변화하여 하늘이 되고 혼탁하고 정체되어 번거롭고 어두운 기운은 쌓여서 땅이 된 것이다. 그러므로 맑은 것은 흐린 것에서부터 맑아진 것이고 높은 것은 낮은 데로부터 올라간 것인데, 하늘은 높아서 위에 떠 있고 땅은 두터워서 밑에 가라앉아 있는 것이니 위에 떠 있는 하늘은 밝게 움직이는 형상이 있으므로 陽이 되고, 밑에 가라앉은 땅은 고요히 가라앉는 도리가 있으므로 陰이 되는 것이다. 청기는 위로 올라가 높아서 순수한 陽이므로 천지에 가득하고, 탁기는 아래로 가라앉아 긴밀하여 순수한 陰이므로 어둡고 고요하여 만물이 이로부터 변화되는 것이다. 그러므로 위로 치솟아 올라간 기운은 陽이 되어 만물을 낳고, 아래로 가라앉은 기운은 陰이 되어 만물을 이루는 것인데, 그러나 이 두 가지가 실제로는 하나(태극)에서 시작되는 것이다.]

淸濁交分하고 人物混成하여 造化始於無하니 相因而 三生하니라

천지의 청기와 탁기가 서로 상하로 나뉘고 사람과 만물이 섞여서 생성되어 천지의 조화가 無에서 비롯되니 서로 따르고 순응하여 天地人 三才가 생성되었다.

[太樸之散乾坤之形, 分體一定乎尊卑, 有陰陽之相摩, 有剛柔之相推, 變動以行其道, 經緯以成其事. 凡垂象於天者, 莫非文也. 有高下之相傾, 廣輪之相推, 動靜之所生, 形勢之所持. 凡其質於地者, 莫非禮也.

[태초에 건곤의 형상을 분산하고 형체를 나누어 한결같이 높고 낮음을 정하니 음과 양의 서로 마찰(사귐)함이 있고 강과 유의 서로 미루어 나감(교대)이 있어서 상호변동으로 그 도를 행하고 종횡으로 그 일을 이루었으니, 무릇 하늘에 형상을 드리운 것은 天文(천체의 현상)이 아닌 것이 없으며, 높고 낮음이 서로 경사진 것과 동서남북이 서로 미루어나감과 動과 靜이 발생하는 바와 형세의 유지되는 바가 있어서, 무릇 땅에 바탕을 둔 것은 禮(예의규범)가 아닌 것이 없다.

故萬物生於其間者, 亦且出機入機, 出冥入冥, 方生方死, 方死方生, 域於輪轉之地, 而機之動不能自己.

그러므로 만물이 그 사이에서 생기는 것은 또한 조화에서 나와 조화에 들어가고, 근원에서 나와 근원에 들어가며, 이제 막 생겼다가 죽기

도 하고 이제 막 죽었다가 살아나기도 하여 순환하여 생사를 거듭하는 처지에 머물러서 그 기능의 움직임이 저절로 멈추어질 수 없는 것이다.

故草木黃落而菊始華, 倉庚鳴而鷹以化. 一根髮之細, 不知誰與之扶持, 一昆蟲之微, 不知誰與之生死. 戰戰而動植, 非物與之雕刻也, 芸芸而歸根, 非物與之擊歛也.

그러므로 초목이 가을이 되어 잎이 떨어지면 국화꽃이 피기 시작하고 꾀꼬리가 울면 새 매가 그로 인하여 부화하는 것인데, 하나의 가느다란 초목도 누가 그것이 부지되는데 간여하는지 아무도 알지 못하며 하나의 작은 곤충도 누가 그것의 생사에 간여하는지 알지 못한다. 빽빽하게 모여 있는 동식물들은 무엇이 그 조각에 간여한 것이 아니며, 식물이 무성하다가 낙엽이 뿌리로 돌아가는 것은 무엇이 그 거두어들이는 데 간여하는 것이 아니다.

自消自息, 自智自力, 自形自色, 曾不知有造化之者, 是人物, 混然而立也. 則其光爲日月, 其文爲星辰, 其澤爲雨露, 其威爲雷霆, 辰集于房, 月湛而明, 日遄而化, 此天之道也.

스스로 쇠퇴하고 스스로 번성하며 스스로 지혜를 쓰고 스스로 힘을 쓰며 스스로 모양을 내고 스스로 색을 꾸며서 곧 조화하는 자가 있음을 알지 못하니, 이것은 사람과 만물이 뒤섞여서 존립하는 것인데, 그 빛을 내는 것은 해와 달이고, 그 모양을 꾸미는 것은 별들이며, 그 윤택하게 하는 것은 비와 이슬이고, 그 위엄을 나타내는 것은 우뢰이며, 별들은 방성(房星[77])에 모여 빛을 내고, 달은 맑고 깨끗하여 밝게 빛나고, 해는 자주 왕래하면서 만물을 화생(化生)하니 이것은 하늘의 도이다.

　其高爲山嶽, 其大爲江湖, 其文爲草木, 其富爲百穀, 載萬物而不
慴, 生萬物而無窮, 此地之德也. 高而爲君父, 貴而爲王侯, 大而爲
郡牧, 下而爲庶民, 文於仁義忠信, 富於財穀布帛, 成而祀天地, 靈
而驅萬物, 此人之事也.

　높이 솟은 것은 산악이고, 크게 이루어진 것은 강과 호수이며, 문양
을 꾸민 것은 초목이고, 풍부하게 한 것은 백곡이며, 만물을 싣고도 두
려워하지 않고, 만물을 생산하여 무궁케 하니, 이것은 땅의 덕이다. 높
은 것은 君과 父이고, 귀한 것은 王과 侯이며, 큰 것은 군목이고, 낮은
것은 서민이며, 인의충신을 나타내고, 재곡포백을 풍부하게 하며, 국가
를 형성하여 천지의 神에게 제사지내고 신령스러워서 만물을 몰고 가
니 이것은 사람의 일이다.

　莫大乎天, 莫厚乎地, 莫靈於人. 是以, 因于天體, 成于地儀, 範
圍天地之化, 三才由一而生也.]

　하늘보다 큰 것이 없고 땅보다 두터운 것이 없으며 사람보다 신령스
러운 것이 없으므로, 이 때문에 천체를 근거로 하여 땅의 의형(儀形)을
이루고, 사람이 천지의 조화를 본받으니 천지인 삼재가 하나(태극)로부
터 생성된 것이다.]

---

77) 房星: 28수 중 동방의 별.

天一地二蓋乾坤之體

天은 一이고 地는 二이니 이는 건곤의 본체이다

天一地二니 蓋乾坤之體요 坤爲土也며 乾爲金이요 金
亦土也며 爲水母니라

天은 一이고 地는 二이니 이는 건곤의 본체인데, 곤은 곧 土
이고 건은 金인데 金도 역시 그 본질은 土이며 水의 母이다.

[天一地二, 奇耦之策也. 三奇爲乾, 三耦爲坤, 是一而兩之之義
也. 故陰陽自始者, 謂之太始. 陰陽自明者, 謂之太極. 則萬物之始
於乾也, 亦由天地之所資以始, 是以知乾爲之太始. 萬物之所資生
於坤也, 亦由天地之所資以生, 是以知坤爲之太極. 故乾之卦所以
在西北, 坤之卦所以在西南. 以乾爲太始, 以坤爲太極, 可知矣.
是以太始之極, 一而兩之, 作乾坤之象, 金土同體而異名, 有此見一
數之終始也矣.]

[天一과 地二는 奇(홀수)와 耦(짝수)의 수효이며, 삼기(☰)는 건이 되고
삼우(☷)는 곤이 되니, 이것은 一에서 나뉘어 二가 된다는 뜻이다. 그러
므로 음양이 저절로 시작된 것을 태시(太始)라 하며, 음양이 저절로 분
명해진 것을 태극(太極)이라 하니, 만물이 건(乾)에서 시작되는 것은 또
한 천지가 그것을 바탕으로 삼아서 시작되는 것과 같으므로, 이 때문에
건을 태시라 함을 알 것이며, 만물이 곤(坤)에 바탕을 두고 생성되는 것

은 또한 천지가 그것을 바탕으로 삼아 생성되는 것과 같으므로 이 때문에 곤을 태극이라 함을 알 것이다. 그러므로 건의 괘는 서북(西北)에 자리 잡고 있는 것이고, 곤의 괘는 서남(西南)에 자리 잡고 있는 것이니, 건을 태시로 삼고 곤을 태극으로 삼음을 알 수 있을 것이다. 이 때문에 태시의 극(極)이 하나에서 둘로 나뉘어 건곤의 형상이 되었으므로, 金과 土는 체질이 같으면서 이름만 다른 것이니 다시 또 여기에서 一이라는 수에서 끝나고 시작됨을 알 수 있다.]

四正四隅는 何遐邇之爲正고 艮爲土也니 應乎坤이요
巽爲風也니 風出木이니라

네 정방(正方)과 네 우방(隅方)은 어떻게 원근을 계산하여 正으로 삼는가? 간(艮)은 土이니 곤(坤)에 대응하고 손(巽)은 풍(風)이니 풍은 木에서 나오는 것이다.

[乾坤艮巽, 四隅也, 而爲天地之大紀. 坎離震兌, 四正也, 而爲乾坤之大綱. 曾不知廣輪之艮. 而有會通之情也. 然則萬物之始終, 莫盛乎艮, 故應乾坤之節制. 莫始於巽, 故爲風, 然風非出於木, 而鼓舞於萬物爲事, 由動之生息也, 故巽繼於震.]

[乾(서북), 坤(서남), 艮(동북), 巽(동남)은 사우(四隅)이니, 천지의 대기(근본)이며, 坎(정북), 離(정남), 震(정동), 兌(정서)는 사정(四正)이니, 건곤의 대강(근본)인데, 곧 동서남북이 艮土에 모여 회통하는 정이 있음을 알지 못한 것이니, 그렇다면 만물의 시작되고 끝남이 艮보다 더 번성하

는 곳이 없으므로 응당 건곤에서 그것을 절제하는 것이며, 巽보다 더 먼저 시작하는 곳이 없으므로 風이라 하지만, 그러나 풍은 木에서 나오는 것이 아니라 만물을 고무시켜 일을 하게 하여 활동에 생기가 불어나게 하기 때문에 巽(동남)이 震(정동)에 이어진 것이다.]

坎離未判에 以淸濁明水火요 震兌之前에 以左右用金木하니라

坎(북)과 離(남)가 판별되기 전에는 청과 탁으로 水와 火를 밝히고 震(동)과 兌(서)가 판별되기 전에는 좌와 우로써 木과 金을 썼다.

[天一地六相合生水, 地二天七相合生火. 言水則含知而內明, 言火則崇禮而外照. 內明足以應物, 外照足以知人. 知人者無所不知, 應物者無所不應. 故淸之爲水得天一, 辰中是奇內而天一, 偶外而地六, 其爲卦也曰坎, 故濁之爲火得地二, 辰中是耦合而地二, 奇外而天七, 其爲卦也曰離. 夫二者本水火南北之分, 爲乾坤男女之體, 亦由淸濁判於自然也. 天三地八相合, 而生木於東方, 木生風以動之, 故爲卦曰震. 地四天九相合, 而生金於西方, 金生水以澤物, 而物悅之, 故爲卦曰兌. 然東木受西金之制, 而左言木右言金者, 是震男兌女, 尊卑之義也.]

[天一과 地六이 서로 만나 水를 생하고, 地二와 天七이 서로 합하여 火를 생하는데, 水는 지혜를 포함하고 내면이 밝음을 말하고, 火는 예를

숭상하고 밖으로 밝게 비춤을 말하니 내면이 밝으면 사물에 대응할 수 있고, 밖으로 비추면 사람을 알 수 있으며, 사람을 알면 알지 못하는 바가 없고, 사물에 대응하면 대응하지 못하는 바가 없다. 원래 청기(清氣)가 水가 되어 天一을 얻었으므로, 辰중에 기수(奇數)는 안에 있어 天一이 되고, 우수(偶數)는 밖에 있어 地六이 되니 그 괘를 坎이라 하며, 원래 탁기(濁氣)가 火가 되어 地二를 얻었으므로 辰 중에 우수가 안에 있어 地二가 되고 기수가 밖에 있어 天七이 되니 그 괘를 離라 한다. 이 두 가지는 본래 水와 火, 南과 北의 분별로 건곤과 남녀의 형체가 된 것이니, 또한 청탁으로 말미암아 자연스럽게 판별된 것이다. 天三과 地八이 서로 만나 동방에 木을 생하고 木이 風을 생하여 그것을 움직이게 하므로 그 괘를 震이라 하며, 地四와 天九가 서로 만나 서방에 金을 생하고 金이 水를 생하여 만물을 윤택하게 하여 만물이 그것을 기뻐하므로 그 괘를 兌라고 한다. 그러나 동방의 木은 서방 金의 극제를 받으며, 좌를 木이라 하고 우를 金이라고 하는 것은, 震은 男이고 兌는 女로써 높고 낮음이 있다는 뜻이다.]

易八卦者는 以剛柔相半이요 連四象者는 分逆順而生成이라

역의 팔괘는 강과 유가 서로 절반을 차지하며 사상으로 이어지는 것은 역과 순으로 분별하여 생성된다.

[易以八卦兼三才而兩立, 爲天地廣輪之體用, 故始三一而[78]爲

---

78) 一而는 而一이 되어야 함.

乾二爲坤, 生六六九九之變, 爲四象五行之數, 然後聖人分陰分陽,
迭用柔剛以相易之, 故天地位而成章也. 列萬彙而象之, 以別盛衰
矣. 四象者, 大而爲日月星辰, 廣而爲金木水火, 八卦由四象而兩制
之, 則有陰中之陽, 陽中之陰, 寒暑運行而萬物化育也.]

[역은, 팔괘가 천지인 삼재와 함께 존립하는 것을 천지와 동서남북의
본체와 작용으로 삼기 때문에 천지인 삼재로부터 시작하여 一은 乾이
되고 二는 坤이 되며, 다시 六六, 九九의 변화를 생하여 사상과 오행의
수가 되는 것이니, 그런 뒤에 성인이 음으로 나누고 양으로 나누어 강
과 유를 번갈아 써서 서로 그것을 바꿨으므로, 천지가 자리 잡고 문채
를 이루게 되었으니, 온갖 사물을 열거하여 그것을 상징하고 강과 유로
써 왕성하고 쇠패함을 구별한 것이다. 사상(四象)은 크게는 일월성신이
되고 넓게는 金木水火가 되는데, 팔괘(八卦)는 사상으로부터 변하여 음
과 양 두 가지로 그것을 제정하니, 음중의 양과 양중의 음이 있으며, 춘
하추동이 운행되고 만물이 화육되는 것이다.]

二儀分列하여 各包四象之形하며 乾坤音土하니 遂作
五行之用이니라

양 의(儀)가 분열하여 천지가 각각 사상의 형상을 포괄하
며, 건곤은 土에 속하니 마침내 오행의 작용을 이룬다.

[天地爲二儀, 則上有日月星辰運於無爲, 下有金木水火濟於有
用. 金生於土而聚於土者, 然乾坤本一 而立二, 爲淸濁之別, 包括

四象爲五行, 以盡天地之數, 備萬物之成終也.]

[천과 지가 이의이니, 곧 하늘에는 일월성신이 있어 무위로 운행하고 땅에는 金木水火가 있어 유용함을 이루며, 金은 土에서 생기고 土에 모이는 것인데, 건과 곤은 하나를 근본으로 하고 둘을 세워 청탁의 분별을 이루고 사상을 포괄하여 오행을 이루는 것이니, 그것으로 천지의 수를 다하고 만물을 갖추어 끝을 이룬다.]

一而兩之道는 法乎自然이며 八卦九宮은 乘陰陽以數하니라

태극一에서 양 의(儀)를 생하는 도리는 자연의 법칙에서 본받은 것이며, 팔괘와 구궁의 수는 음과 양을 써서 헤아린다.

[道生一, 一雖立而道未離也. 一生二, 二名成, 而道斯遠矣. 是故道非數, 而數之所生一非二, 而一之所出. 陰陽之在天地, 其妙有機, 而物之所始其顯有數, 而物之所生始終如一. 一有二而不可以相無, 然陰雖有佐於陽, 陽實始之而無恃焉, 陽雖有賴於陰, 陰實由之而不與焉. 是陽常始而陰常成, 陽常唱而陰常和, 有自然之理, 故陽奇陰耦迭用生成, 而天五地六, 二五而成十, 五十有五之策, 所以行變化而明鬼神也. 故乾坤之策, 萬有一千五百二十, 當期之日, 當萬物之數. 四營成易, 十有八變成卦, 發剛柔而生爻, 以八八於四維, 則居中者盡乎九也.]

[道에서 一을 생하니 一이 비록 성립되더라도 도에서 떠나지 않으며,

一에서 二를 생하여 二라는 이름이 이루어지면 도에서 곧 멀어지는 것이다. 그러므로 도는 수가 아니며 수에서 생긴 것은 一이지 二가 아니므로 一자신이 나온 것이다. 음양이 천지에 존재함은 그 영묘함에 기틀이 있고 만물의 시작되는 바는 그 드러냄에 일정한 수가 있으며, 만물의 생육되는 바는 시종이 여일하다. 一에 二가 있어서 서로 없어서는 안 되지만 그러나 음이 비록 양에게 도움 받음이 있더라도 양은 실제로 음을 개시만 하고 거기에 의지함이 없으며 양이 비록 음에게 의지함이 있더라도 음은 실제로 그로 인하여 거기에 관여하지 않으니, 이에 양은 항상 시작하고 음은 항상 이루어지며, 양은 항상 주장하고 음은 항상 거기에 화답하여 자연의 이치가 있으므로 양의 기수(홀수)와 음의 우수(짝수)가 번갈아 작용하여 생성되어 天은 五, 地는 六이고, 二와 五는 十을 이루니 五十五의 책수로 변화를 행하여 귀신의 뜻을 밝히는 것이다. 그러므로 건곤의 책수 360과 일만일천오백이십은 일 년의 일수에 해당하고 만물의 수에 해당하니, 네 번 경영하여 易을 이루고, 十八번 변하여 괘를 이루어 강유(陽陰)를 발생하여 효(爻)를 생하며 八八(육십사괘)로 사면에서 에워싸니 중간에 있는 것은 九에서 다한다.]

五行分陰陽爲十干

오행이 음과 양으로 나뉘어 십간을 이룬다

五行分陰陽爲十干하니　淸而不下하며　五支易剛柔爲
十支하니　濁而不上하나니라

　오행이 음과 양으로 나뉘어 십간을 이루니 청하여 내려
오지 않으며, 오지(五支)가 강유(陽陰)로 바뀌어 십지(十支)를
이루니, 탁하여 올라가지 않는다.

　[天地之數各成於五, 然始立甲者, 本乎土之氣中, 乾坤皆土之義,
始於甲乙丙丁, 次生戊己庚辛壬癸. 如一之有二, 而爲十干之氣主
曰淸則騰而生, 故不同下之五行也. 五支, 言道生一而支散爲五, 以
成五行之數, 乃濁者下沈而生. 二五如十, 則分支列於乾坤之廣輪,
如甲之生乙, 丙之生丁之義, 故寅則運於卯, 巳則運於午. 然而同類
爲陰陽, 而不同支干之生.]

　[천지의 수가 각각 五에서 이루어지는데 처음에 甲을 세우는 것은 木
이 土氣 속에 뿌리를 두고 있으므로 건곤이 다 土에 속한다는 뜻이며,
甲乙丙丁에서 시작하여 그 다음에 戊己庚辛壬癸가 생기는데, 곧 一에 二
가 있어서 십간을 이루는 기는 주로 淸하니 위로 올라가서 천간이 생긴
것이므로 아래(지지)의 오행과 같지 않은 것이다. 五支는 도에서 一을
생하고, 그 支가 흩어져 다섯이 되어 그것으로 오행의 수를 이룬 것을

말하니, 곧 탁한 것이 아래로 잠겨서 생긴 것이다. 두 가지 五는 十과 같으니 支를 나누어 건곤과 동서남북에 배열한 것인데, 예컨대 甲에서 乙이 생기고 丙에서 丁이 생기는 것과 같은 뜻이니, 그러므로 寅은 卯에 운행하고 巳는 午에 운행하는 것이다. 그러나 같은 오행의 부류끼리 음이나 양이 된 경우이고, 支나 干의 생함은 같지 않다.]

土逐四時之氣라 故有十二支니 十二支以夫婦爲體요 十干以父子相乘이니라

土는 사계절의 氣를 뒤따르므로 십이지가 있는 것이니, 십이지는 부부간에 한 몸을 이루는 것과 같고, 십간은 부자간에 상생하는 것과 같다.

[四時乃四季也, 順四象之用, 然四象爲兩立成八支, 惟土者本天地, 各五而兩之, 則分四支列乎四維, 以終四象之變. 蓋辰戌同體, 丑未同形. 子陽亥陰, 寅陽卯陰之類, 如夫婦之同體, 甲生乙, 乙生丙類, 如父子相生, 本乎一而爲五.]

[사시는 곧 사계(춘하추동)이니 사상의 작용에 순응하며, 그리고 사상이 음과 양 둘로 나뉘어 八支를 이루게 되는데, 오직 土는 천지(음양)를 바탕으로 하여, 각 오행마다 그것을 두 개로 하니, 四支를 나누어 사유(四維)에 배열하여 사상의 변화를 완성하는 것이다. 무릇 辰戌은 체를 함께하는 土이고, 丑未는 形을 함께 하는 土이며, 子陽과 亥陰, 寅陽과 卯陰 등의 부류는 부부가 체를 함께하는 것과 같고, 甲이 乙을 생하고 乙

이 丙을 생하는 부류는 부자간에 상생하는 것과 같아서 하나에 근본을 두고 다섯이 되는 것이다.]

三才有陰陽之天地하고 五行運物化之人倫이라

삼재(天地人)에는 음양으로 나뉜 천지가 있고, 오행은 만물 생성변화와 인륜을 운행한다.[79)]

[分陰陽則爲天地, 立父子則爲人倫, 故干陽也亦有乙丁己辛癸之爲陰, 支陰也亦有子寅辰午申戌之爲陽, 是知陰陽之相覆奇耦相匹. 故萬物化成, 生者爲父爲母爲子爲孫, 配之爲夫爲婦, 以別人倫之要也.]

[음양을 나누면 천지가 되고 부자관계를 성립하면 인륜이 있게 되니 그러므로 干이 陽에 속하는데도 乙丁己辛癸 등의 陰干이 되는 경우가 있고, 支가 陰에 속하는데도 子寅辰午申戌 등의 陽支가 되는 경우가 있으니, 이에 음양이 서로 반복변화하고 奇(홀수)와 耦(짝수)가 서로 짝이 됨을 알 수 있다. 그러므로 만물의 변화 생성에 있어서 생하는 것은 父・母・子・孫이고 짝을 이루는 것은 부부이니 이것으로 인륜의 근본을 분별하는 것이다.]

故曰甲己眞宮이요 乙庚眞商이요 丙辛眞羽요 丁壬眞角이요 戊癸眞徵라

---

79) 오행 생극의 원리에는 만물 생성 변화와 인륜의 도리가 있다.

그러므로 甲己는 진정한 궁음(宮音)의 자리이고 乙庚은 진정한 상음(商音)의 자리이며 丙辛은 진정한 우음(羽音)의 자리이고 丁壬은 진정한 각음(角音)의 자리이며 戊癸는 진정한 치음(徵音)의 자리이다.

[甲木二五之始, 名而爲土, 六位相成於己, 故曰眞宮. 土生始成終, 故金次於土, 羽水之音, 角木之音, 徵火之音, 此十干, 皆天之淸氣, 生數成於五, 至六而爲耦, 爲陰陽之始, 作天地之眞運. 然而眞運在天, 必自地而得之矣. 何則天罡本乎辰也, 陽動而陰静, 得十二常轉位, 自甲子爲始, 至於辰則見戌, 是地之功也. 故甲之爲土明矣, 是知眞運在天, 自地而得之也.]

[甲木은 음양 두 가지 오행의 처음인데 이름을 土라 하는 것은 여섯 자리를 건너가 己에 이르러서 서로 도와 이루어지므로 진궁(眞宮)이라 한다. 土가 시종(始終)을 이루기 때문에 金이 土의 다음 단계이며 水에 속하는 우음(羽音), 木에 속하는 각음(角音), 火에 속하는 치음(徵音) 등이니, 이 십간은 모두 天上의 淸氣인데 생수(生數)가 五에서 완성되고 六에 이르러 짝을 이루어 음양의 시작이 되고 천지의 참된 운행이 되는 것이다. 그러나 참된 운행이 하늘에서 이루어지려면 반드시 땅으로부터 그것을 얻어야 하는 것이니, 왜냐하면 천강(天罡)은 지지에 뿌리를 두는데, 양기는 움직이고 음기는 조용히 머물러 있으므로 십이지지를 만나 항상 자리를 옮겨서 甲子로부터 시작하여 辰에 이르고 곧 戌을 만나는 것이 땅의 공이기 때문이다. 그러므로 甲이 土가 되는 것이 분명하니 이

에 참된 운행은 하늘에서 이루어지지만 땅으로부터 그것을 얻음을 알
수 있다.]

寅午戌火體요 亥卯未木體요 申子辰水體요 巳酉丑金
體니 斯非眞體라 乃五行生旺庫之地며 土則從四事成之
니라

寅午戌은 火의 체상이고 亥卯未는 木의 체상이고 申子辰은
水의 체상이고 巳酉丑은 金의 체상인데 이것은 진실한 체상
이 아니라 마침내 오행의 生·旺·庫의 자리이며 土가 곧
네 가지 일에 나아가 그 체상을 이루는 것이다.

[四象之體而終皆土, 故戌至辛而金之土也.]

[사상(木火金水)의 체가 마침내 모두 土이니 그러므로 戌에서 辛까지
는 金의 土이다.]

六十納音者配由十干十二支周而終之數也

육십납음은 십간과 십이지를 짝을 이어 경유하게 하여 한 바퀴 돌아서
끝마치는 수이다

六十納音者는 配由十干十二支하여 周而終之數也라

육십납음은 십간과 십이지를 짝을 이어 경유하게 하여
한 바퀴 돌아서 끝마치는 수이다.

[干支相乘, 歸天地始終之數, 爲六十也.]

[간지가 서로 가해져서 天과 地에 돌아가 화육(化育)을 시작하고 형성
(形成)을 끝마치는 수가 육십이다.]

自生成而言之면 則水得一이요 火得二요 木得三이요
金得四요 土得五며 感物化而言之면 則火得一이요 土
得二요 木得三이요 金得四요 水得五니

천지가 생성되는 수로써 말하자면 북방 亥子 水는 一을
얻고 남방 巳午 火는 二를 얻고 동방 寅卯 木은 三을 얻고 서
방 申酉 金은 四를 얻고 중앙 土는 五를 얻으며, 만물변화에
감응하는 것으로써 말하자면 火는 一을 얻고 土는 二를 얻
고 木은 三을 얻고 金은 四를 얻고 水는 五를 얻으니,

[生成者天地生成之數, 物化則五行支干相成納音之數也.]

[생성은 천지가 생성된 수이고, 물화는 오행의 간지가 서로 납음을 이루는 수이다.]

法乎天地하여 支干數乘이니라

천지를 본받아 支와 干의 수로 헤아린 것이다.

[此十干配天, 十二支配地, 而合成萬物動靜之機. 充合端委之數也]

[이것은 십간은 하늘에 배합하고 십이지는 땅에 배합하여 만물의 動과 靜의 기미를 합하여 이루고 그 처음과 끝을 채우고 합한 수이다.]

支干配則甲己子午九요 乙庚丑未八이요 丙辛寅申七이요 丁壬卯酉六이요 戊癸辰戌五요 巳亥支數四라

支와 干에 배합하면 甲己子午는 九, 乙庚丑未는 八, 丙辛寅申은 七, 丁壬卯酉는 六, 戊癸辰戌은 五이고 巳亥의 支數는 四이다.

[自九之數, 損之又損也. 然於巳亥者, 不由已而存. 乾之一二, 坤之二三, 是道始一至三, 錯綜而生諸數, 以合乾坤覆載之功. 若夫前所謂支干之配, 則道生一, 一生二, 二生三, 三之又三, 則九爲陽生. 言數以甲己爲造化之首, 子午爲陰陽之至, 取極之數而先稱九, 而後損之八七五六四也.]

[九의 수로부터 줄이고 또 줄인 것인데 巳亥의 경우에는 위를 따라 멈추지 않고 존재하며, 건의 수는 一과 二이고 곤의 수는 二와 三이니, 이것은 도에서 생한 一부터 三까지의 수로써 여러 가지를 종합하여 각각의 수를 생하여 하늘과 땅의 덮어주고 실어주는 공에 배합한 것이다. 그리고 앞에서 말한 支干의 배합은 道가 一을 생하고, 一이 二를 생하고, 二가 三을 생하고, 三이 또 세 번이면 九는 陽의 生이 되니, 수를 말하여 甲己를 조화의 첫머리로 삼고 子午를 음양의 지극함으로 삼아, 지극한 수를 취하여 먼저 九를 칭하고 뒤에 그것을 八七六五四로 줄여나간 것이다.]

子寅同途나 歲上辰下하여 未可俱言이니 其支先甲後
子納音金者數也라 始父母之氣而成音이며 離天地則見
名數니라

子와 寅은 길이 같으나 干은 위에 支는 아래에 있게 되어 한 가지로 말할 수 없으니, 그 간지가 甲子라면 납음 金이 되는 것이 수의 변화이므로, 부모의 氣를 시초로 하여 납음을 이룬 것이며, 천지의 수를 펼쳐놓으면 지칭하는 수를 볼 수 있다.

[子得同壬, 寅得同甲, 歲木辰水, 如寅爲木二合, 若見子而得寅者, 亦是甲子之金不可獨言木也. 甲臨於子而金者, 是支干化納音之數也. 干支五行, 始因天五地五之數變, 而納音九八七六五四之

數相成, 上下而得, 却須坎離五六之數也.]

[子는 壬과 같고 寅은 甲과 같으므로, 세(干)가 木, 辰(支)이 水일 때엔 寅이 木이 되어 둘이 부합되는 것 같으나, 가령 간지에 子를 만나고 寅을 만나는 경우에 또한 그것이 甲子의 金이 되기도 하니 오직 木만을 말할 수 없다. 甲이 子에 임하여 金이 되는 것은, 支干이 납음의 수로 변화된 것이니, 간지 오행이 비로소 天五·地五의 수를 근거로 하여 변화하고, 납음이 九八七六五四의 수로 서로 도와 이루어져서 상하가 알맞으니, 곧 坎離 五六의 수를 쓰는 것이다.]

天五地五는 則爲造化之先이니 除其數則納音之用이라

天의 수 다섯과 地의 수 다섯은 천지조화의 시초가 되니 그 수를 제외하면 납음의 작용하는 수가 된다.

[天地變通, 二五爲十, 終成萬物, 始一終五皆陽, 合之爲六則陰, 爲六五數外, 即天地數所納五行之數也. 假令水得五者, 是本音以土權碍也. 然後有音, 故丙子丁丑共得三十之數, 而六五皆土而得納音爲水也. 火得一者是火無音, 因水沃之, 然後有音, 故戊子己丑共得三十一數, 而除六五而有一數, 而納音得火也. 木得三者蓋木有本音, 故壬子癸丑共得二十八數, 而有五之數是三數而納音得木也. 金得四者亦金是本音, 而甲子乙丑共得三十四數, 而除六五之數外, 是四數乃金也. 土得二者蓋土本無音, 火陶之然後有音, 故庚子辛丑共得三十二數, 而除五六之數而納音爲土也. 故經云先甲後

子納音金者數也, 得此則彼可知也.]

[천지의 수가 서로 변통하니 두 가지 五는 十이 되어 마침내 만물을 생성하며, 처음 一과 끝 五는 다 陽인데 그것을 합하여 六이 되면 陰이니, 六五(三十)를 제외하면 곧 천지의 수가 다 포함하는 납음오행의 수가 된다. 가령 水과 五를 얻게 된 까닭은 납음은 土의 권능으로써 제지한 연후에 音이 있기 때문이니 그러므로 丙子와 丁丑은 함께 三十의 수를 얻는데 六五는 다 土이므로 납음을 얻어 水가 되었으며 火가 一을 얻게 된 까닭은 火는 원래 音이 없으므로 물로써 그것을 기름지게 한 뒤에야 音이 있기 때문이니 그러므로 戊子와 己丑이 함께 三十一의 수를 얻었는데 六五(三十)를 제외하고 一이 남으므로 납음이 火가 되었으며 木이 三을 얻게 된 까닭은 木은 본음(本音)이 있기 때문이니 그러므로 壬子와 癸丑은 함께 二十八의 수를 얻는데 五의 수를 제외하면 三이 남으므로 납음이 木이 되었으며, 金이 四를 얻은 까닭도 역시 金이 본음이기 때문이니 甲子와 乙丑은 함께 三十四수를 얻는데 六五(三十)의 수를 제외하면 나머지 四는 곧 金이 되며, 土가 二를 얻은 까닭은 土는 본래 음이 없으므로 火로써 구운 뒤에야 음이 있기 때문이니 그러므로 庚子와 辛丑은 함께 三十二의 수를 얻는데 五六(三十)의 수를 제외하고 납음이 土가 된 것이다. 그러므로 경에 甲子의 납음이 金이 되는 것이 數라 했으니 이것을 알면 저것도 알 수 있을 것이다.]

自乾而生順하고　從坤而産逆하니　陰陽機括於五行하고　五行之體依八卦니라

납음이 건으로부터 시작하여 순행하고 곤으로부터 시작

하여 역행하니 음양의 기틀이 오행에 포괄되고 오행의 본체는 팔괘에 의지한다.

[父生順, 母生逆, 假如甲己干正月建丙寅丙丁火, 故木生順, 母己之干在木死爲逆, 故甲爲父己爲母, 在寅之家, 天一生水, 則由乾爲屬金, 金水也, 故自乾生而順及納音, 即甲子乙丑金爲首. 蓋乾納甲子即是天五地五於坤數中生逆, 其終數而生, 亦由先九而後至四數也. 陰陽者乾坤, 故金土一而兩之以備五行, 五行分體用而爲八卦.]

[父(乾)는 순행하고 母(坤)는 역행하니 가령 甲己 천간의 年에는 정월 월건이 丙寅이 되어 丙丁火에 속하므로 甲木은 순행하고, 母己의 천간은 木의 死(火)에 있어서 역이 되니 그러므로 甲이 父가 되고 己는 母가 되며 寅의 집에 있어서는 天一이 水를 생하니 건이 金에 속하기 때문에 金水가 되므로 건으로부터 생겨서 순행하여 납음에 미치니, 곧 甲子와 乙丑의 납음 金이 첫째가 되는 것이다. 무릇 건의 납음 甲子는 곧 天五·地五가 곤의 수 가운데에서 역행을 시작하여 그 최종의 수가 생긴 것이니 또한 앞의 九로부터 뒤의 四에 이르는 수이다. 음양은 건과 곤이므로 金土가 하나에서 둘이 되어 오행을 갖춘 것이며 오행이 체와 용으로 나뉘고 팔괘를 이루는 것이다.]

火愛乾爲會水利巽而享

火는 乾金을 좋아하여 회합하게 되고 水는 巽木을 이롭게 하여 서로
이익을 누린다

火愛乾爲會하고 水利巽而享하며 歲守坤鄕하고 金藏
艮位하나니

火는 乾金을 좋아하여 회합하게 되고, 水는 巽木을 이롭게
하여 서로 이익을 누리며, 한 해의 공은 坤地에서 지켜지고,
金은 艮土의 자리에 감추는 것이니,

[乾純陽也, 處西北, 故至亥而顯明. 水性本下, 巽出東南, 順下
也, 故水巽爲利也. 坤則成物, 歲以終之, 故至申萬物介然守禮, 用
艮終始萬物而仕於坤, 故金至寅終藏於土下.]

[건은 순양의 자리로 서북방에 있으므로 亥에 이르러 밝음을 드러내
며, 水의 본성은 본래 아래로 내려가고 巽은 동남으로 나오니 아래를 따
르는 것이므로 水와 巽은 서로 유리하게 되며, 坤은 만물을 이루어 歲
(일 년)로써 그것을 마치므로, 申에 이르러 만물이 변함없이 禮(자연의
법칙)를 지키고 艮土를 써서 만물을 끝내고 시작하여 坤에 봉사하므로,
金이 寅에 이르면 마침내 土의 아래에 감추어지는 것이다.]

木落糞本이요 水流趨末이며 火顯諸用이요 金蔽於光이

니라

木은 낙엽이 져서 뿌리에 거름을 주고 水는 흘러서 말단
(낮은 곳)으로 달려가며 火는 여러 작용을 드러내고 金은 흙
속에 빛을 감추는 것이다.

[各任性鄉, 故守坤鄉, 水趨末則利巽方, 火顯用則愛於乾, 金蔽
於光則又藏於艮也.]

[각각 오행의 성향에 맡겨지므로, 坤향에서 지켜지고 水가 낮은 곳으
로 달려가면 巽방에 이로우며, 火가 작용을 드러내면 乾金을 좋아하고
金이 빛을 감추는 것은 또한 艮土에 감추는 것이다.]

水土金性本下요 木火性本巍니

水土金의 본성은 본래 아래를 향하며, 木火의 본성은 본래
위를 향하는 것이니,

[水流就濕, 土積而載, 金重而沉, 故日本下. 巍者上也, 木性漸
上, 而火性炎上.]

[물이 흐르면 습함을 이루고 흙이 쌓이면 만물을 실으며 金은 무거워
서 아래로 잠기므로 본래 아래를 향한다고 한 것이다. 외(巍)는 위를 향
하는 것이니 木의 본성은 점점 위로 자라는 것이며 火의 본성은 위로
타오르는 것이다.]

沈者得形而上騰이요 升者期卑而高會니라

밑으로 잠긴 것은 어떤 형체를 만나 위로 올라가고, 위로
올라간 것은 낮아지기를 바라면서 높이 모여 있는 것이다.

[水得土而木生, 是土克水而生木. 木之克土而上騰, 則水土之氣
自木而上也. 火得水而上爲旣濟, 蓋推五行之性沉者升者, 皆必以
形爲用也.]

[水가 土를 만나서 木이 자라는 것은 土가 水를 극하여 木을 살리는
것이며, 木이 土를 이기고 위로 올라가는 것은 水와 土의 기가 나무를
따라 올라가는 것이며, 火가 水를 만나 위로 올라가면 수화기제(水火旣
濟)가 되니, 대체로 오행의 성질의 아래로 잠기는 것과 위로 올라가는
것을 미루어보면 모두 반드시 형체를 작용으로 삼은 것이다.]

以坎爲離는 精玄者能知요 易兌作震은 通鬼神而作旨라

坎(水)을 離(火)로 간주하는 것은 정교하고 현묘한 자만이
알 수 있는 것이며, 兌(金)가 바뀌어 震(木)이 되기도 하는 것
은 귀신과 통할 만한 요지가 된다.

[庚申辛酉木, 在巳申酉之中, 亦當作金. 或卯人遇三酉之類, 而
可言金. 餘准此推之, 則妙窮造化, 但以本納音爲用. 所謂易兌作
震, 通鬼神而作旨, 此也. 假令丙午水, 得癸巳月丙寅日戊戌時, 巳

午未爲火之本方, 寅戌午之正體. 又上下俱火, 雖納音爲水多變, 作炎上之火看. 或水多人全在巳午未生而不犯本命支, 更干頭有氣, 亦宜作火看, 不可謂之休囚. 此所謂以坎爲離, 精玄妙者爲能知.]

[庚申이나 辛酉의 木이 사주에 巳申酉가 있을 때에는 또한 마땅히 金으로 간주해야 하며, 혹 卯년생이 지지에 三酉(申酉戌이나 巳酉丑)의 부류를 만나면 金국이라고 말해야 한다. 나머지도 이것을 준거하여 헤아리면 조화를 신묘하게 궁구할 것이며, 다만 본래의 납음을 작용으로 여길 뿐이니 이른바 兌가 바뀌어 震이 되는 것이 귀신과 통할 만한 요지가 된다는 것이 이것이다. 또 가령 丙午납음水가 癸巳월 丙寅일 戊戌시에 태어난 경우에 巳午未는 火의 본방(本方)이고, 寅戌午는 火의 정체(正體)이며, 또 사주 간지의 상하가 모두 火로 이루어지면 비록 납음이 水가 되어 변화가 많더라도 炎上의 火로 간주하여 보아야 하며, 혹 사주에 水가 많은 사람이 온전히 巳午未월에 태어나 본명의 지지를 범하지 않고 또 간두에 생왕의 기가 있으면 또 마땅히 火로 간주하여 보아야 하고 그것을 휴수라고 말해서는 안 되니, 이것이 이른바 坎을 離로 간주하는 것은 정교하고 현묘한 자만이 알 수 있다는 것이다.]

故以庚申乙卯爲夫婦之本宗이요 子癸亥壬丁馬丙蛇之寄位니라

그러므로 庚申과 乙卯를 부부의 본종(本宗)으로 삼으며, 子 중에 癸가 있고 亥중에 壬이 있고 馬(午) 중에 丁이 있고 蛇(巳) 중에 丙이 있는 것은 천간이 몸을 맡기고 있는 자리이다.

[此論干祿也. 季主所謂先南北之陽, 以辨東西之陰. 陰祿陽而陽
祿陰, 金自金而木自木, 故金木自然而得專位. 水火土從造化, 故陽
寄於陰而陰寄陽也.]

[이것은 간록(干祿)을 논한 것이니 사마계주의 이른바 남북의 陽을 먼
저 논하고 동서의 陰을 분별한다는 것이니, 干의 祿이 음록은 양에 속하
고 양록은 음에 속하며, 金은 원래 金이고 木은 원래 木이고 金과 木은
자연히 전담하는 자리를 얻고 水火土는 조화를 따르므로 양은 음 가운
데에 몸을 맡기고 음은 양 가운데에 몸을 맡기는 것이다.]

勞而不息驛居病方
힘들어도 쉬지 못하는 것은 역이 병방에 있기 때문이다

勞而不息은 驛居病方이요
힘들어도 쉬지 못하는 것은 역이 병방(病方, 寅申巳亥)에
있기 때문이며,

[五行支病處而爲驛, 驛所以休息也.]
[오행지지의 병처가 역(驛)이 되는 것인데, 역은 휴식하는 곳이다.]

馬得縱橫이라 更觀乎干이니 生而不運엔 以氣建推之
니라

馬는 종횡으로 움직이므로 다시 또 천간을 보아야 하니,
생왕한데도 운행하지 않으면 기건(氣建, 월건)으로써 추정
해야 한다.

[以申子辰水位處驛爲病也. 以寅爲驛. 所謂馬必以氣建者, 而驛
之爲馬也. 且甲子人正月丙爲馬, 然不在正月亦自得地位, 建丙亦是
馬. 故曰馬得縱橫矣. 珞琭子云, 見不見之形, 無時不有, 正謂此也.]

[申子辰 水의 자리에 역(驛)이 있는 것을 병(病)으로 여기는데, 寅을 역
이라 하며 이른바 馬는 반드시 기건으로써 추정해야 한다는 것은 역에
머무는 것이 곧 馬이기 때문이니, 가령 甲子년생이 정월이면 丙이 馬가
되지만 그러나 정월에 있지 않아도 또한 스스로 자리를 얻어 타 월건이
丙인 경우에도 馬가 되는 것이다. 그러므로 馬는 종횡으로 움직인다고
한 것이니, 낙록자에 '보이기도 하고 보이지 않기도 하는 형체가 때마
다 있지 않음이 없다'고 한 것이 바로 이것을 말한 것이다.]

出五行之外者는 生死在乎我요 居淸濁之內者는 存亡
從數焉이니라

오행의 밖으로 벗어나는 경우에는 생사가 자신에게 달려
있으며, 청탁(음양)의 안에 머무는 경우에는 존망이 운수에

달려 있다.

[凡修德養性煉假守眞, 靈臺內靜反復還元, 神遊六合之外必造五
行之先, 則欲生欲死欲隱欲顯, 皆由乎我, 是謂神仙眞人矣, 豈由天
地鬼神時數所拘哉. 此欲人之自修不可專滯乎命, 彼生死猶可任,
況修德致祥轉禍爲福. 夫人居淸濁之內, 皆由情性善惡死生而未能
逃五行之數者, 何也. 蓋未嘗能煉陽純陰, 煉陰純陽, 雖存念至道,
亦不能出於淸濁之間, 徒自苦形而不逃存亡之數也.]

[덕을 닦고 본성을 기르고 거짓된 것을 다듬고 참된 것을 지켜서 마
음이 안으로 고요하여 반복해서 본래의 모습으로 돌아가며 정신이 육
합의 밖에 노닐어서 반드시 오행의 앞에 나간다면 살고 죽고 숨고 나타
나고자 하는 것이 다 자신에게 달려 있으므로 이것을 신선진인(神仙眞
人)이라 하는 것이니, 어찌 천지와 귀신, 시수(운수)의 구애받는 바에 달
려 있겠는가. 이것은 사람이 스스로 수양하여 명에 얽매이지 말게 한
것이니 그 생사도 오히려 맡길 수 있는데, 하물며 덕을 닦아 길상을 부
르고 화를 돌려 복이 되게 함이랴? 무릇 사람이 청탁(음양)의 안에 머물
러서 모든 성정이나 선악, 생사에 연유하는 것이 오행의 수를 도피할
수 없는 까닭은 어째서인가? 그것은 양기를 단련하여 음기를 순수하게
하며 음기를 단련하여 양기를 순수하게 하지 못하기 때문에 비록 지극
한 도에 대한 생각을 지니고 있더라도 또한 청탁의 사이를 벗어나지 못
하여 다만 스스로 형체를 괴롭히면서 존망의 수를 도피하지 못하는 것
이다.]

元命勝負三元

원명의 승부가 달린 삼원

元命勝負三元者는 干祿支命納音身이니 各分衰旺之
地라

사람의 원명의 승부(승패)가 달린 삼원(三元)은 간록, 지
명, 납음신인데, 각각 쇠왕의 자리로 구분하여 논한다.

[三元各分生旺庫之地而爲九命, 是主祿主三會也.]

[삼원(三元)은 각각 장생, 제왕, 고(四庫 또는 祿庫)의 자리로 나누어 구
명(九命)이 되니 이것은 녹을 주관하는 자리이며 세 가지가 모인다는 뜻
이다.]

干主名祿貴權하니 爲衣食受用之基요 支主金珠積富
하니 爲得失榮枯之本이요 納音主材能器識하니 爲人倫
親屬之宗이니라

干은 명예, 재록, 부귀, 권세를 주관하니 의식과 받아서
누리는 이로움의 기초가 되며, 支는 금전과 주옥과 부를 쌓
는 것을 주관하니 성공과 실패, 영고성쇠의 근본이 되며, 납
음은 재주와 능력과 기량과 식견을 주관하니 인륜과 친속

의 근본이 된다.

[干爲天元祿, 故主貴爵衣食之正本也. 支爲地元財命至此比形立
象始終之元, 故主貧富運動榮枯. 納音爲人元身命, 故主賢愚好醜
形貌材能度量, 凡有生則彼我生尅愛憎, 故爲人倫親眷也]

[干은 天元의 녹이므로 貴와 작위와 의식을 주관하는 바른 근본이며,
支는 地元으로 그사람의 財와 명운이 이때에 이르러 형상을 설립하는
시종의 근원이므로 빈부와 활동과 영고성쇠를 주관하며, 납음은 人元의
신명(身命)이므로 현우(賢愚)와 미추(美醜)와 형모(形貌)와 재능과 도량을
주관하니 무릇 사람은 피아간에 생조하고 극제하며 사랑하고 미워하게
되므로 인간의 윤리와 친척과의 관계가 되는 것이다.]

支干納音之氣는 順四柱[80]以定休囚요 祿馬神煞之方
은 分二儀以求勝負며 劫災天歲遇用處면 不能爲凶이요
祿馬奇轝逢破處면 未始爲福이니라

支, 干, 납음의 氣는 사주에 따라 휴수를 정하고, 녹, 역마,
신살의 방위는 二儀(음양)를 분별하여 승부(성쇠)를 구하며,
겁살, 재살, 천살, 세살 등 네 흉살도 쓸 수 있는 곳을 만나
면 흉이 되지 못하고, 녹, 마, 기, 여 네 복신도 파괴된 곳을
만나면 복이 되지 못한다.

---

80) 四柱는 四季의 잘못인 듯함.

[三元五行, 亦各分四季定休旺之氣. 干中所用神煞, 乃天之淸氣, 支中所用神煞, 乃地之濁氣, 凡言神煞各分天地二氣, 勝負吉凶, 支煞自有諸例. 言刼災天歲 四煞雖凶, 若支干配合有用則爲福祿之神, 祿馬奇轝雖干之淸氣, 富貴之神, 主福祿尊貴, 若支神配合爲破敗者, 則反爲貧賤凶害之煞.]

[삼원의 오행은 또한 각각 사계로 분별하여 휴왕의 기를 정하며, 干 중에 소용된 신살은 곧 天의 淸氣(陽)이고, 支 중에 쓰인 신살은 곧 支의 濁氣(陰)이니, 무릇 신살은 각각 천지(음양) 이기로 나뉘어 승부(성쇠)와 길흉이 되며, 각 支의 신살에도 저절로 여러 가지 예가 있음을 말한 것인데, 겁, 재, 천, 세 네 신살은 비록 흉하지만 만약 간지의 배합이 쓸모있게 이루어졌으면 복록의 신이 되며, 녹, 마, 기, 여 등은 비록 干의 청기이고 부귀의 신으로 복록과 존귀를 주장하지만, 만약 지지신살의 배합이 파·패(破·敗)로 이루어진 경우에는 도리어 빈천하고 흉하고 해로운 신살이 됨을 말한 것이다.]

四柱者胎月日時

사주는 태, 월, 일, 시이다

四柱者는 胎月日時니

사주는 태와 월과 일과 시이니,

[三元爲萬物之本, 四柱乃五行之輔佐, 亦猶乾坤之有四時, 土[81)
有四象, 人有四肢. 故珞琭子云, 根在苗先, 實從花後者. 四柱有偏
枯, 則隨所主而論之]

[삼원은 만물의 근본이고 사주는 오행의 보좌이니 또한 천지에 춘하
추동 사시가 있고 위에 일월성신 사상이 있으며 사람에게 사지가 있는
것과 같다. 그러므로 낙녹자에 '뿌리는 싹의 앞에 있고 열매는 꽃의 뒤
를 따르는 것이다'라고 했으니 사주(연월일시) 간지 오행에 편고됨이
있으면 주요한 것에 따라 명을 논해야 한다.]

胎는 主父母祖宗者十分이요 主事者二分이며

태는 부모와 조상을 주관하는 것이 십분이고, 일을 주관
하는 것이 이분이며,

---

81) 土는 上이 되어야 함.

[萬物之根本, 固在我名之先有也, 故主祖宗者十分, 然而根在物之先, 而花實苗之後, 雖主事二分, 亦當以胎爲本氣.]

[만물의 근본은 본래 자신의 명칭의 앞에 있으므로 조상을 주관하는 것이 십분인데, 그러나 뿌리는 만물의 앞에 있고 꽃과 열매는 싹이 난 뒤에 있으니, 비록 일을 주관하는 것이 이분일지라도 또한 마땅히 태를 본기로 삼아야 한다.]

月은 主時氣者十分이요 主事者六分이며

월은 사시의 기를 주관하는 것이 십분이고 일을 주관하는 것이 육분이며,

[月爲建元, 分四時之休旺, 故主三元氣用所出十分, 是月與時爲賓主以輔三元, 故主立氣立事十分, 是將來臨月分, 亦定灾福之六分.]

[월은 건원(월건)이니 사시의 휴왕(왕쇠)을 분별하므로 삼원의 기의 작용이 나오는 바를 주관하는 것이 십분이니, 이것은 월과 시가 빈과 주가 되어 삼원을 보좌하므로 기를 성립시키고 일을 성립시키는 것을 주관함이 십분이니, 이것은 장래에 임할 월분도 재앙이나 복의 육분을 결정하게 된다.]

日은 主未得氣者十分이요 主事者八分이며 時는 主用度進退向背力氣勝負皆十分이니 吉與凶同이니라

일은 기를 얻지 못함을 주관하는 것이 십분이고 일을 주

관하는 것이 팔분이며, 시는 용도(재물의 씀씀이), 나아가고 물러감, 향하고 등짐, 역량과 기력, 성공과 실패 등을 주관하는 것이 모두 십분인데 길한 것과 흉한 것이 모두 같다.

[日主月內四時向背之氣十分, 三元貴賤之氣及胎本共時八分, 時主元吉凶及胎月日之氣皆十分, 故言吉凶變異勝負之力同等也.]

[일은 월 내 사계절의 향하고 등지는 기를 주관하는 것이 십분이고, 삼원의 귀천의 기와 태의 본기가 함께 팔분이며, 시는 본명의 길흉과 태·월·일의 기를 주관하는 것이 모두 십분이므로 길흉의 변이와 성패의 힘이 동등하다고 말한 것이다.]

九命
구명

九命은 論互相奔刑하고 反順生煞하여 以別源流하나니

구명은 서로 합하거나 형충하며 역하거나 순하며 생하거나 살함을 논하여 근원의 흐름을 분별하는 것이니,

[三元四柱祿馬爲九命, 須遞相往來, 取刑衝德合逆順盛衰, 以定清濁之理.]

[삼원과 사주와 녹마를 구명이라 하는데, 반드시 번갈아 서로 왕래하며 형충, 덕합, 상역, 상순, 성쇠함을 취하여 청탁의 이치를 정해야 한다.]

先看重輕盛衰尊卑逆順하고 次分彼我緊慢情意하고 相續干音親義四柱하니 然不合衝類干頭配合之理니라

먼저 간지 상호간의 경중과 성쇠와 높고 낮음과 역순(생극) 등을 보고, 다음에 피차관계의 긴밀하고 완만함, 유정·무정을 분별하고, 이어서 사주 각 간지 납음의 친밀한 뜻(상호관계)을 보아야 하는데, 서로 합하지 않고 충하는 부류와 간두가 배합하는 이치 등을 보아야 한다.

[先看三元支干本意, 以辨四柱之力, 有形視形氣之厚薄, 凡化象之有性, 操用度之淺深, 勿論得地不得地, 辨尊卑之勝負也. 四柱相衝, 然無配合納音, 取賓主保義情親, 以定勝負.]

[먼저 삼원의 간지의 본뜻을 보아서 사주 중 각주의 역량을 분별하고, 형상을 가지고 형기(오행)의 많고 적음을 보는 것이니, 무릇 화상(삼라만상)에는 본성이 있고, 작용할 수 있는 정도에는 얕고 깊음이 있으므로, 자리를 얻고 자리를 얻지 못함을 논하지 말고, 높고 낮음에 따른 승부(성쇠)를 분별해야 하며, 사주가 서로 충할 때에는 납음이 서로 배합함이 없어야 하니, 많고 중요한 기 사이에 서로 보호하는 뜻과 서로 친밀한 관계를 취하여 승부(좋고 나쁨)를 결정해야 한다.]

年爲本日爲主

연이 근본이 되고 일은 명주가 된다

大抵年爲本이요 則日爲主며 月爲使요 則時爲輔니

대체로 年이 근본이 되고, 日은 명주(命主)가 되며, 月은 사자(使者[82]), 時는 보좌가 되니,

[年爲日之本, 日爲命主. 如君之有臣, 父之有子, 夫之有婦, 國之有王, 是胎月生時爲主本之扶援, 欲得以序相承順也.]

[연은 日의 근본이고 日은 명의 주체이니, 예컨대 군주에게 신하가 있고 아비에게 자식이 있고 남편에게 아내가 있고 나라에 왕이 있는 것과 같은 것이므로, 이것은 태월(생월)과 생시가 주(日)와 본(年)의 부조자가 되는 것이니, 반드시 마땅히 차례대로 서로 받들고 순종할 수 있어야 한다.]

主本保和면 未有貧賤之人이어늘 時日乖違면 豈有久榮之理리요

주(日)와 본(年)이 돕고 화합하면 빈천한 사람이 없으나, 시와 일이 함께 연과 어그러지면 어찌 오래도록 영화로울

---

82) 使: 일정한 지방을 다스리는 벼슬아치(예: 절도사, 관찰사 등).

리가 있겠는가.

[主本保和相育爲貴, 年尅日減力也, 日尅年雖主貴氣, 亦多迍剝,
況日時俱尅於年, 乖離尤甚也.]

[주(日의 干支)와 본(年의 干支)이 돕고 화합하여 서로 생육하는 것을
귀하게 여기니, 年이 日을 극하면 힘을 감손하고, 日이 年을 극하면 비
록 貴를 주관하는 기상일지라도 또한 괴롭고 곤궁함이 많은 것인데, 하
물며 日과 時가 함께 年과 상극하면 어그러짐이 더욱 심한 것이다.]

三元入墓하고 日時自旺하면 雖運併絶逢鬼라도 鬼亦
不能取하며

삼원이 묘고(辰戌丑未)에 들고 日과 時의 간지가 각각 왕
성하면 비록 운에서 絶을 만나고 鬼를 만나더라도 鬼가 해
치지 못하며,

[本入墓中, 却主相輔, 行在旺郷, 雖逢併絶更來加身, 命雖灾而
未至死厄.]

[본(年의 간지)이 묘(辰戌丑未년)에 들고 곧 주(日의 간지)가 서로 보좌
하며 행운이 왕처에 있으면, 비록 絶을 만나고 다시 身(납음)과 상충하
더라도 명운에는 비록 재앙이 있으나 죽음에 이르지는 않는다.]

四柱集旺에 運逢於祿馬면 祿馬無用이니라

사주간지가 강왕함을 이루었는데 운에서 다시 녹마를 만나면 녹마는 쓸모가 없다.

[三元四柱俱到旺處, 或生時又使過, 若曾發祿於閑地, 雖逢祿馬而必灾.]

[삼원과 사주가 모두 왕처에 이르고 혹 출생시도 따라서 왕처에 이르렀는데, 만약 곧 한적한 곳에 녹이 발생하면 비록 녹마를 만나더라도 반드시 재앙이 있게 된다.]

過與不及이 游移顚倒라 氣數中庸하여 應期而發이라

태과한 것과 불급한 것이 옮겨 다니기도 하고 뒤바뀌기도 하므로, 오행의 기가 중용을 취하여 때에 따라 발생해야 한다.

[五行喜剛柔得中, 三命忌盛衰太過.]

[오행은 강하고 부드러움이 알맞음을 이루는 것을 좋아하고, 삼원은 성하거나 쇠함이 너무 지나친 것을 꺼린다.]

方信陽唱陰和이니 須分干正支邪하며 陰靜陽從이니 更忌祿衰鬼旺이니라

진실로 양이 부르면 음이 화답하는 것이니, 반드시 천간이 정통(正統)이 되고 지지가 사도(私道)가 됨을 분별해야 하며, 음이 정(不動)하면 양이 따르므로 다시 간록이 쇠하고 관귀가 왕함을 기피해야 한다.

[如乙酉得甲辰, 雖天地合, 却甲畏辛見, 乙畏酉金, 火畏死地逢子也. 又如戊逢癸亥, 是干正支邪, 戊午丙子支正干邪, 然水火陰陽相和, 則不如干合爲正也. 又如丙辰見申爲祿衰, 土逢壬爲鬼, 丁人見乙卯癸卯之類.]

[가령 乙酉가 甲辰을 만나는 경우에 비록 천간과 지지가 서로 합하지만, 오히려 甲은 辛官이 드러나는 것을 두려워하고, 乙은 酉金을 두려워하며, 火는 死地(酉)와 子(관귀)를 만나는 것을 두려워한다. 또 가령 戊가 癸를 만나면 그것은 干이 정통, 支가 사도며, 戊午와 丙子는 支가 정통, 干이 사도인데, 그러나 水火와 음양이 서로 화합하는 것은 천간이 서로 합하여 정통이 되는 것만 못하다. 또 예컨대 丙辰이 申을 만나면 녹이 쇠하고, 土가 壬을 만나면 鬼가 되며, 丁이 乙卯(납음水)나 癸卯(납음金)를 만나는 것과 같은 부류이다.]

必死有生凶中反吉
틀림없이 죽을 것 같은데도 살 수 있는 길이 있으며 흉한 가운데에도
도리어 길함이 있다

必死有生이요 凶中反吉이라

틀림없이 죽을 것 같은데도 살 수 있는 길이 있으며, 흉한 가운데에도 도리어 길함이 있다.

[如庚子見丁卯, 死而得生. 甲子見戊寅, 凶中反吉.]

[예컨대 庚子가 丁卯를 만나는 경우[83])에 死地인 것 같으나 生을 얻으며, 甲子가 戊寅을 만나는 경우[84])에 흉한 가운데에도 도리어 길함이 있다.]

旺衰之理는 審量生尅하며 輕重之名은 須識向背라

왕하고 쇠하는 이치는 간지오행의 상생과 상극을 살펴서 헤아리며, 왕약 경중의 명분을 알려면 향과 배를 알아야 한다.

[三元旺地畏忌衰處好生, 須臨時審其輕重, 如壬申癸酉本重, 壬寅癸卯本輕, 却取輕重扶持爲用, 始分向背之力氣.]

---

83) 丁卯 납음火가 庚子 납음土를 생함.

84) 甲子 납음金과 戊寅 납음土가 상생함.

[삼원의 왕지는 쇠약해지는 곳을 꺼리고 생하는 곳을 좋아하므로, 반드시 때에 임하여 그 경중을 살펴야 하는데, 예컨대 壬申과 癸酉는[85] 본래 중하고 壬寅과 癸卯는[86] 본래 경하니, 곧 간과 지의 경중에 따라 돕고 작용함을 취하여 비로소 향배의 힘을 분별하는 것이다.]

輕得地而可敵重衰요 重無地而制之輕敗니

경한 것이 자리를 얻으면 중한 것을 대적하여 쇠하게 할 수 있고, 중한 것이 자리가 없으면 경한 것에게 제압당하여 패하게 되는 것이니,

[如土制水, 則丙辰丁巳之土, 能制丙子癸亥之水也. 壬申癸酉之金雖重, 却遇戊子己丑丙寅丁卯之火, 雖金重亦受制於火, 蓋火向旺金絶方也.]

[예컨대 土가 水를 극제하는 것은 丙辰·丁巳의 납음土가 丙子·癸亥의 납음水를 극제할 수 있는 것과 같으며, 壬申·癸酉의 납음金이 비록 중하지만 도리어 戊子·己丑·丙寅·丁卯의 납음火를 만나면, 비록 金이 중하더라도 火에게 극제당하는 것이니, 이것은 火는 왕방을 향하고 金은 절방에 있기 때문이다.]

各衰各旺하여 輕重自然이니라

---

85) 천간은 水, 지지는 金, 납음은 모두 金.
86) 천간은 水, 지지는 木, 지지 木이 水를 흡수하여 불리함.

간지납음이 각각 쇠함도 있고 왕함도 있어서 경중이 저절로 그렇게 되는 것이다.

[如辛卯見癸酉, 戊午見丙子, 乃旺處相敵, 支氣不比, 却有相敵, 爲變化發揚也. 甲寅水見庚午辛未土, 力氣各衰, 水土和柔則有化育之道矣, 餘准此.]

[예컨대 辛卯[87]가 癸酉[88]를 만나고 戊午[89]가 丙子[90]를 만나면 왕한 곳에서 서로 대적하며, 지지도 서로 친하지 않고 도리어 서로 대적하여 변화가 일어나게 되며, 甲寅水가 庚午·辛未의 납음土를 만나면 기력이 각각 쇠하여, 水와 土가 온화하고 부드러워지면 생물을 화육하는 도리가 있게 되는 것이니 나머지도 여기에 준한다.]

守凶煞者는 在其尊者制其卑니 生尅交加하면 應得先者令其後니라

흉살을 방어하는 것은 그 높은 것(천간)이 낮은 것(지지)을 제압하는 데 있으니, 생과 극이 섞여 있는 때에는 응당 앞의 것(生)이 뒤의 것(尅)을 거느릴 수 있어야 한다.

---

87) 납음火. 火旺.
88) 납음金. 金旺.
89) 납음火. 火旺.
90) 납음水. 水旺.

[吉神凶煞, 四柱先後干神可制支煞, 更分生尅之理.]

[사주에 길신과 흉살이 있을 때, 사주 앞뒤[91]의 간신(천간)이 지지의 신살을 제압할 수 있어야 하며 다시 또 상생과 상극의 도리를 분담할 수 있어야 한다.]

五行相敵에 二凶一吉하며

오행이 서로 대적(상극)하는 경우에 둘과 대적하면 흉하고 하나와 대적하면 길하며,

[五行相敵, 輕重相等, 遇鬼二則爲凶, 一重爲鬼, 猶凶中反吉.]

[오행이 서로 대적하여 경중(힘)이 서로 대등할 때, 鬼官 두 가지를 만나면 흉이 되고, 하나의 중한 것을 만나면 鬼가 되니 또한 흉 중에 도리어 길함이 있는 것이다.]

復以輕重之理로 方得貴賤之原이니

다시 또 경중의 이치로써 부귀빈천의 근원을 알 수 있으니,

[須以六十納音支干輕重, 取衰旺制度, 方可定貴賤也.]

[반드시 육십납음지간의 경중으로 쇠왕의 제도를 취하면 바야흐로 귀천을 정할 수 있다.]

---

91) 연월은 先, 일시는 後.

至如體輕用重엔 不免漂沉하고 本重末輕엔 廣謀自勝
하며 主客從容엔 優游享福이니라

(간지와 납음이 쇠약하여) 본체가 경하고 작용이 중한 경
우에는 떠오르고 잠김을 면치 못하고, (간지와 납음이 왕성
하여) 근본이 중하고 말단이 경한 경우에는 널리 도모하여
스스로 뛰어나며, (간지와 납음이 형극 없이 화평하여) 주
(연의 간지)와 객(기타 간지)이 조용하면 유유자적하며 복을
누린다.

[如庚午辛未土本輕也, 見壬戌癸亥丙子之水, 是本輕用重反散流
也. 辛未年壬辰月甲申日甲戌時, 此正應體輕用重之格. 如庚子辛
丑土見癸巳乙卯, 是本重廣謀自負之人也. 五行主客輕重等, 以制
用有法, 水土和柔, 金火平適則康寧.]

[예컨대 庚午와 辛未는 土의 근본이 경한데, 壬戌·癸亥와 丙子의 水를
만나면 이것은 근본이 경하고 작용이 중하므로 도리어 흩어져 흐르게
되며, 辛未년 壬辰월 甲申일 甲戌시는 바로 본체가 경하고 작용이 중한
격이며, 또 庚子·辛丑의 土가 癸巳와 乙卯를 만나면 이것은 근본이 중하
여 널리 도모하고 자부하는 사람이며, 오행의 主(연의 간지)와 客(기타
간지)의 경중 등이 그것으로 작용을 제어하는 데 법도가 있어서 水와 土
가 온화하고 부드러우며 金과 火가 평온하고 알맞으면 편안한 것이다.]

水得水多

水가 水를 만남이 많음

水得水多면 則沉潛伏溺하여 小巧多權하니 苗而不秀
요 聲譽汪洋이라

水가 水를 만남이 많으면 기세가 가라앉아 물에 빠진 듯
하여 재주는 적고 권모가 많으니 싹이 났으나 꽃을 피우지
못하며 명성은 넓은 바다와 같다.

[然而富貴則無變通, 而勢不崢嶸矣.]

[그러나 부귀에 있어서는 변통이 없으며 운세에 있어서는 높이 빼어
나지 못한다.]

水得火多면 則崇禮貪饕하며 自恃하여 深慮多憂하며
猛斷後悔라

水가 火를 만남이 많으면 예를 숭상하면서도 재물을 탐하
며 자신의 능력을 믿고 깊이 생각하여 근심하는 일이 많으
며 일을 용맹스럽게 결단하여 후회하게 된다.

[水遇火多, 其性如此, 不妨名利也.]

[水가 火를 만남이 많으면 그 성격이 이와 같은데 명성과 재리에는 방해되지 않는다.]

水得木多면 則流而不止하니 執志反柔하여 臨事汗漫이요 奢儉失中이라

水가 木을 만남이 많으면 흘러가서 멈추지 않으니 자기 뜻을 고집하면서도 도리어 유약하여 일에 임하면 산만하여 끝맺음이 없으며 사치와 검소에 중도를 잃는다.

[水生木木尅土, 土散而無止, 故此情性也.]

[水는 木을 생하고 木은 土를 극하니 흙이 흩어져 물이 멈추지 않으므로 이러한 성정이 있는 것이다.]

水得金多면 則本末常安하고 多得資援하며 好義不實하며 智大多淫하며 智勝義負나 則性靈强이라

水가 金을 만남이 많으면 命의 본과 말이 항상 편안하고 재물의 원조를 많이 얻으며 의를 좋아하나 실제와 부합하지 않으며 지혜가 크지만 음욕이 많으며 지혜가 뛰어나도 의를 저버리는데 그러나 성령(정신)은 강하다.

水得土多면 則沉靜執塞하며 內利外鈍하며 忍妬多恨
하며 信義無決이니라

水가 土를 만남이 많으면 침착하고 조용하면서도 고집불
통이며 내면은 예리하나 외면은 둔하며 질투를 참으면서도
한스러워함이 많으며 신의에 결연함이 없다.

[此論五行之性, 不取神煞論也.]
[이것은 오행의 성질을 논한 것이지 신살을 가지고 논한 것이 아니다.]

火得火多면 則崇禮義泊하며 明外昏內하며 自華而儉
하니 旣旺卽已니 不可速達이라

火가 火를 만남이 많으면 예를 숭상하나 의가 적으며 밖
으로는 밝게 나타내지만 내면은 어두우며 자신은 화려하면
서 남에게 검소하게 하는데, 이미 왕성하다면 즉시 멈추어
야 하니 속히 달성하려 해서는 안 된다.

[火星暴而無制, 福至則禍來連.]
[火星이 세차면 제압할 수 없으니 복이 임할 때에는 재앙도 함께 이
어진다.]

火得木多면 則自恃威福하며 聰明志懦하며 動思依輔
하며 靜則志明이나 好辯是非라

火가 木을 만남이 많으면 자신을 얻고 남을 억압하며 본
성은 총명하나 의지가 나약하며 활동하고 생각할 때 의지
하고 도움을 받으며 조용히 있을 때에는 의지가 밝으나 남
과 시비를 변론하기를 좋아한다.

[仁與禮不足, 雖和而多忘.]
[인과 예가 부족하므로 비록 성격이 온화하더라도 의를 잊음이 많다.]

火得金多면 則志不自勝하며 好辯而剛하며 禮義失中
하며 直而招謗이라

火가 金을 만남이 많으면 의지로 자신을 이기지 못하며
변론을 좋아하고 강직하며 예와 의가 중도를 잃으며 성격
이 곧아서 비방을 초래한다.

[火金兩强, 故多剋辯.]
[火와 金이 둘 다 강하므로 형극과 강변이 많은 것이다.]

火得土多면 則立用沉密하며 利害敢爲하며 言淸行濁

하며 執不通變이라

火가 土를 만남이 많으면 일하고 마음 쓰는 것이 음침하고 치밀하며 이해관계에 과감히 행동하며 말은 청고하게 하나 행동은 혼탁하며 고집스러워 변통할 줄 모른다.

[火絶得土, 土蔽火光, 故所適不變利.]
[火가 절지에 있고 土를 만나면 土가 火의 빛을 가리우므로 가는 곳마다 이로움에 변통하지 못한다.]

火得水多면 則爲德不均하며 巧而忘禮하며 多易多難하며 撫取艱險하며 計深反害라

火가 水를 만남이 많으면 덕을 행함이 고르지 않으며 기교를 부리고 예를 잊으며 쉬운 일도 많고 어려운 일도 많으며 모으고 취함이 어렵고 험하며 헤아림이 깊어서 도리어 해롭다.

[水火未濟, 多智多傷.]
[수화미제로 형극이 많으니 지혜가 많으나 상해도 많다.]

木得木多면 則柔懦泛交하며 曲直自循하며 多學不實

하며 聰明華潔이라

木이 木을 만남이 많으면 성격이 유약하고 두루 벗을 사귀며 시비곡직에 스스로 따르며 많이 배워도 결실을 맺지 못하며 총명이 겉으로 드러난다.

[木主仁柔, 色以表形.]

[木은 인애와 유연함을 주관하니 희노(喜怒)가 안색에 드러난다.]

木得金多면 則尅制憔悴하니 剛而無斷하며 靜思悔動하며 譽義不常이라

木이 金을 만남이 많으면 극제당하여 초췌하니 강직하면서도 결단성이 없으며 조용히 생각하여 지난 일을 후회하며 명성과 의리가 일정하지 않다.

[義勝於仁, 反吝於心.]

[의가 인보다 지나치니 도리어 내심으로 인색하다.]

木得土多면 則取舍自信하며 華而不奢하며 體柔伏剛하며 言必鑑人하며 智不自勝이라

木이 土를 만남이 많으면 취하고 버리는데 스스로를 믿으

며 화려하면서도 사치하지 않으며 본체가 부드러워 강자에
게 복종하며 말할 때에는 반드시 사람을 살피며 지혜가 자
신을 이기지 못한다.

[仁輕信過, 無禮節也.]
[인이 경미하고 신이 지나쳐서 예절이 없다.]

木得水多면 則漂流不定하며 言行相違하며 處吉不寧
하며 趨時委曲이라

木이 水를 만남이 많으면 물에 떠내려가듯 방랑하여 안정
되지 못하며 언행이 일치하지 않으며 길상에 처해도 편안
치 않으며 시세에 따라 허리 굽혀 따른다.

[木華水智, 故多順取.]
[木은 화려하고 水는 지혜로우므로 따르고 취함이 많은 것이다.]

木得火多면 則馳騁聰明하며 好學不切하며 禮繁義亂
하며 明他害己하며 善惡決發이라

木이 火를 만남이 많으면 공명을 위하여 자신의 총명함을
발휘하며 학문을 좋아하나 절실하지 않으며 예절을 꾸밈이

번거롭고 의리가 어지러우며 타인을 밝게 하고 자기에게 해롭게 하며 선악에 대한 보답이 결연히 나타난다.

[火得木而熾, 木無以自容.]
[火가 木을 만나서 불이 치열해지면 木은 불태워지므로 자신을 용납할 곳이 없는 것이다.]

金得金多면 則剛直尙勇하며 見義必爲하며 過不自知하며 忘仁好義하며 思禮好勝이라

金이 金을 만남이 많으면 성격이 강직하고 용맹을 좋아하며 의로움을 보면 반드시 행하며 허물이 있어도 스스로 알지 못하며 인을 잊고 의를 좋아하며 예를 생각하면서도 이기기를 좋아한다.

[金重欲火, 故思禮.]
[金이 많으면 火의 극을 원하므로 예를 생각하는 것이다.]

金得木多면 則辯分曲直하며 利害兼資하며 置德懷忿하며 朋友失義라

金이 木을 만남이 많으면 시비곡직을 분별하며 이로움과

해로움에 겸하여 의지하며 남이 덕을 베풀어도 분노를 품으며 붕우 간에 의리를 잃는다.

[仁義相伐, 必有所失.]
[인과 의가 서로 극벌하면 반드시 잃는 바가 있다.]

金得火多면 則口才辯利하며 好禮忘義하며 動止寬和나 中心鄙吝이라

金이 火를 만남이 많으면 말재주가 있어서 말을 잘하며 예를 좋아하나 의를 잊으며 행동거지는 너그럽고 온화하나 속마음은 도량이 좁고 인색하다.

[火勝於金, 有義禮也.]
[火가 金보다 왕하면 의와 예가 있다.]

金得水多면 則計慮不深하며 爲人無恩하며 臨事齷齪하며 或是或非라

金이 水를 만남이 많으면 헤아리고 생각함이 깊지 않으며 남을 대하는 데 인정이 없으며 일에 임하여 악착같으며 옳기도 하고 그르기도 하여 시비가 일정치 않다.

[水重金藏, 多計無剛.]

[물이 많으면 金이 감춰지게 되므로 계책은 많으나 강직함은 없다.]

金得土多면 則失中有成하며 口儉心慈하며 作爲暗昧하며 多處嫌疑라

金이 土를 만남이 많으면 실패하는 가운데에도 성공이 있으며 입으로는 인색하게 말해도 마음은 인자하며 행위에 진실과 거짓이 명백하지 않아 남에게 의심받는 일이 많다.

[金蔽土中, 則求之者成.]

[金이 흙 속에 덮여 있으니 그것을 구하면 일이 이루어진다.]

土得土多면 則重厚藏密하며 守信容物하며 或招毀謗에 恩害敢爲라

土가 土를 만남이 많으면 성격이 중후하고 비밀을 간직하며 신의를 지키고 남을 용납하며 혹 비방을 초래하게 되면 보은이나 해침을 과감히 행한다.

[土雖守信, 深厚難知.]

[土는 비록 신의를 지키지만 속마음이 깊고 두터워서 알기가 어렵다.]

土得金多면 則信而好義나 剛而多躁하여 不能持重하며 庶事無容이라

土가 金을 만남이 많으면 믿음이 있고 의를 좋아하나 강직하고 조급함이 많아 중후함을 유지하지 못하며 모든 일에 너그럽게 포용함이 없다.

[金土爭麗, 兩不自持.]
[金과 土가 화려함을 다투니 둘 다 자신을 유지하지 못한다.]

土得木多면 則形勞志大며 雜好狂徒요 用柔爽信하며 曲直黨情이라

土가 木을 만남이 많으면 육신이 피로한데도 뜻은 크게 가지며 번잡한 것을 좋아하고 망령되어 사리분별을 못하는 무리이며 부드러움을 행하는 데도 신의를 잃으며 시비선악의 판단이 정에 치우친다.

[木尅土則信虧.]
[木이 土를 극하면 신용이 휴손된다.]

土得火多면 則施義忘親하며 外明少斷하며 奢儉失中

하며 好禮口惠라

土가 火를 만남이 많으면 남에게 의리를 베풀고도 친함을
잊으며 외형은 밝으나 결단력이 부족하며 사치와 검소가 중
도에 벗어나며 예를 좋아하면서도 입으로만 은혜를 베푼다.

[土得火助, 信有所毁.]
[土가 火의 도움을 만나면 신용에 훼손되는 바가 있다.]

土得水多면 則貪功好進하여 汎順伏機하며 志善若昏
하며 愛惡無義라

土가 水를 만남이 많으면 공을 탐내고 나아가기를 좋아하
며 널리 따르고 기회를 살피며 뜻이 선량해도 사리에 어두
운 듯하며 좋아하고 미워함에 바른 도리가 없다.

[土雖尅水, 水多則土失信.]
[土는 비록 水를 이기지만 水가 많으면 土가 신의를 잃는다.]

誠能以此更分輕重하여 明作爲之性情과 消息盈虛가
依於禍福이오 然後爲能言以前五行多寡로 論性情하고
而復推禍福하나니

진실로 이것으로 다시 경중을 분별하여 작용하는 성정과 성쇠진퇴가 화와 복의 근거가 됨을 밝힐 수 있으며, 그런 뒤에 앞의 오행의 많고 적음으로써 그 사람의 성정을 논하고 다시 화와 복을 추측한다고 말할 수 있는데,

[如庚祿在申, 氣當用甲, 如諸位中不見庚之刑甲, 或他位見甲, 即爲無庚是也.]

[예컨대 庚의 녹은 申에 있으니 화복을 대표하는 정기는 마땅히 甲을 쓰게 되는데, 만일 모든 자리 가운데에 庚이 甲을 형극함은 보이지 않고 혹 다른 자리에 甲만 보이면, 곧 명격 중에 庚이 없는 것과 같다고 여기는 것이 이 경우이다.]

正氣無刑이요 名背之半92)이니라

화와 복을 대표하는 정기(본기)에 형극이 없기도 하고, 명목과 어긋나는 것이 절반에 이른다.

[不見正祿, 如得巳而無乙, 亦是所謂得一分三之說, 雖背正祿必爲福.]

[명격 중에 정록이 보이지 않는 것이니, 예컨대 지지에는 巳가 있는데 천간에 乙이 없는 경우이면, 또한 이것이 이른바 하나를 얻어 셋으

___
92) 상하와 연결이 안 되어 연문이거나 잘못 편철된 것으로 사료됨.

로 나눈다는 말이니, 비록 정록을 등지더라도 반드시 복이 된다.]

馬無害祿無鬼
역마에는 극해가 없어야 하고, 녹에는 귀가 없어야 한다

馬無害요 祿無鬼요 食無亡이요 支合無元이요 干祿無厄
이라

馬에는 극해가 없어야 하고 녹에는 鬼가 없어야 하며, 식
신에는 공망과 망신이 없어야 하고, 지합에는 원진이 없어
야 하며, 간록에는 액이 없어야 한다.

[如甲子得丙寅爲馬, 見壬午及水, 在丙寅六合破刑之上, 如不見
正氣, 卻見他干在祿位, 其祿干亦要無鬼也. 倒食順食皆要無空亡
亡神也. 支神名合要無元辰, 十干合處要無六厄.]

[예컨대 甲子가 丙寅을 만나면 馬가 되는데, 다른 간지의 壬午와 水를
만나면 丙寅과 육합을 형성하고 파형의 관계에 있게 되며, 만일 정기를
만나지 않고 도리어 다른 干이 녹의 자리에 있는 것을 만나면 그 녹의
干도 역시 鬼(극해)가 없어야 한다. 도식과 순식은 다 공망과 망신이 없

어야 하며, 지지의 상합에는 반드시 원진이 없어야 하며, 십간이 합하
는 곳에는 육액이 없어야 한다.]

旺無喪이요 衰無弔요 妻無刃이요 財無飛요 孟無孤요 季無寡요 生無劫이요 死無敗라

본명이 왕할 때에는 지지에 상문이 없어야 하며, 쇠할 때
에는 조객이 없어야 하며, 양이 음을 극제하는 처(妻)에는
양인이 없어야 하며, 재에는 비렴이 없어야 하며, 사맹(寅申
巳亥)生人은 고신이 없어야 하며, 사계(辰戌丑未)生人은 과수
가 없어야 하며, 장생에는 겁살충극이 없어야 하며, 사처에
는 패성(敗星)이 없어야 한다.

[如癸丑木命不要卯, 此則旺無喪. 如壬午木命不要辰, 此則衰無
弔. 陽制陰爲妻, 不可在羊刃上, 故妻欲無刃. 命後四辰曰飛廉, 我
尅者爲財, 不可犯之. 四孟之人不得見孤辰在命. 四季之人, 不得見
孤宿在地. 長生處要不值劫煞, 如乙巳丁酉乙丑見寅是也. 死處忌
見八敗沐浴金神.]

[예컨대 癸丑木명은 卯가 필요치 않으니 이것이 곧 왕에는 상문이 없
어야 하는 것이며, 예컨대 壬午木명은 辰이 필요치 않으니 이것이 곧 쇠
에는 조객이 없어야 하는 것이며, 양이 음을 극제하여 처가 되는 것이
니 양인의 위에 있어서는 안 되니 그러므로 처에는 양인이 없어야 하

며, 支命 뒤의 네 번째 지지를 비렴이라 하고 내가 극하는 것을 재라 하니 비렴을 범해서는 안 되며, 寅申巳亥生人은 고신이 명에 있음을 만나서는 안 되며, 辰戌丑未生人은 고수가 지지에 있음을 만나서는 안 되며, 장생이 있는 곳에는 겁살을 만나지 말아야 하니, 예컨대 乙巳·丁酉·乙丑이 寅을 만나는 것이 그 경우이며 死가 있는 곳에는 팔패·목욕·금신을 만나는 것을 꺼린다.]

火無水요 水無土요 土無木이나 木須金이요 金須火니라

火에 水가 없고 水에 土가 없고 土에 木이 없더라도, 木은 金이 필요하고 金은 火가 필요하다.

[火無水降, 亦能自潤, 水無土壅, 莫不成流, 土無木制, 曠野安然. 木須金尅, 可以成材, 金無火鍛, 不能成器.]

[火에 水가 온도를 내려줌이 없어도 스스로 윤택해질 수 있고, 水는 土가 제방을 막아줌이 없어도 흐름을 이루지 않음이 없고, 土는 木의 제어함이 없어도 넓은 들판에서 편안히 지내지만, 木은 반드시 金이 극벌해야만 재목을 이룰 수 있고, 金은 火의 단련이 없으면 그릇을 이룰 수 없다.]

體重須鬼하고 祿輕須官하며 刑雖全이나 敗雖孤하며 夫須尠하고 妻須倍하며 吉須顯煞하고 凶須沉昧하며 天盤須會하고 地帶須連이니라

본명 간지 자체가 중왕하면 귀살의 극제가 필요하고, 녹이 가볍고 약하면 관성이 필요하며, 사주의 刑은 비록 온전히 드러나 있더라도 팔패(八敗)는 오직 고병(孤病)의 자리에 있어야 하며, 남편은 반드시 적어야 하고 처는 반드시 배가 되어야 하며, 길신은 반드시 살기(煞氣)보다 분명하게 드러나야 하고, 흉살은 반드시 침체되고 어두워야 하며, 천간의 기반은 반드시 모여 있어야 하고 지지의 띠는 반드시 이어져야 한다.

[五行本重須鬼損裁, 祿輕須官, 如甲人祿位雖辛亦貴. 四柱之刑各須全見, 八敗之地 不畏本氣在孤病. 夫須尠者, 己不可見甲衆也. 妻須倍者, 甲見己在旺地也. 五行在吉神方, 須顯然見其清氣, 凶位見五行須得凶煞沉昧, 斯能無害. 甲丙庚壬, 須左右朝揖, 是天盤須會也. 亥子丑寅卯須交連左右, 是地帶須連也.]

[오행의 본체가 중하면 귀살의 손상과 제재가 필요하고, 녹이 가벼우면 관이 필요하니 예컨대 甲人의 녹위가 곧 辛이므로 또한 귀를 주관하며, 사주의 刑이 각각 비록 온전히 드러나 있어도 팔패의 자리는 본기에 孤와 病이 있음을 두려워하지 않는다. 남편이 반드시 적어야 한다는 것은 己가 많은 甲을 만나서는 안 되는 것이며, 처가 반드시 배가 되어야 하는 까닭은 甲이 왕지에 있는 己를 만나야 하기 때문이다. 오행이 길신 방위에 있으면 반드시 분명하게 그 청기를 드러내며, 흉위에서 오행을 만날 때에는 반드시 흉살이 침체되고 어두움을 이루어야만 해로

움이 없을 수 있다. 甲丙庚壬은 반드시 좌우가 서로 향하여 읍해야 하니, 이것이 천간의 기반은 반드시 모여 있어야 하는 것이며, 亥子丑과 寅卯는 반드시 좌우가 서로 연결되어야 하니 이것이 지지의 띠는 반드시 이어져야 한다는 것이다.]

干全順則爲淸

천간이 완전히 순서대로 배치되면 사주가 청하다

干全順則爲淸이요 氣完和者爲貴며

천간이 완전히 순서대로 배치되면 사주가 청하고, 기가 완전히 화합하면 귀함이 되며,

[如甲乙丙丁戊爲十干全, 須歲胎月日時順, 則爲淸, 如水在申子辰中, 或在亥子丑中制用, 氣完乃爲貴.]

[예컨대 甲乙丙丁戊 등 十干 전부가 반드시 세태(년)·월·일·시 순으로 배치되면 청하며, 가령 간지납음이 水일 경우에 지지가 申子辰 가운데 있거나 혹 亥子丑 가운데 있어서 작용을 마름질하여 기가 완전하면 귀함이 되는 것이다.]

陰附陽帶歲則富貴요 陽合陰背本則虛浮니라

음이 따르고 양이 합하여 세(년의 간지)에 있으면 부귀하고, 양지는 서로 합하는데 음간이 상극하여 본명을 등지면 허황되고 덧없게 된다.

[陽支互合, 陰干不來朝命, 及本向衰則無有用也.]

[양지는 서로 합하는데 음간이 명을 향하지 않아서 본명이 쇠절을 향하기에 이르면 쓸모가 없는 것이다.]

應凶觀空而無空이요 旺相得空而尤利하며

대응하는 흉살이 허공을 바라보면 공허함이 없고, 왕상의 자리에서는 허공을 만나더라도 매우 이로우며,

[應煞害刑在空亡無合動, 不爲凶也, 旺相處明暗合, 或逢天月德, 見空亡亦吉.]

[대응하는 겁살·육해·삼형이 공망에 떨어져서 서로 합하거나 동함이 없으면 흉이 되지 않으며, 본명이 왕상의 자리에 있고 명합·암합이 있거나, 혹 천월덕을 만나게 되면 다시 공망을 만나더라도 길하다.]

至若空亡有用엔 賴虛中而有應하며

공망이 쓸모가 있으려면 허공 중에 의지하여 호응함이 있어야

하며,

[夫響之有聲, 莫非中虛也. 至若鐘鼓之聲, 虛中則擊而鳴遠, 若
實之則不應. 是以大人之命, 要虛中德必居空, 空自旺有用, 乃有大
聲之應器也.]

[무릇 울림(메아리)에 소리가 있는 것은 속이 비어있지 않은 것이 없
는데, 종이나 북의 소리에 이르러서는 속이 비어 있으면 그것을 쳐서
소리가 멀리 울리지만, 만약 그 속을 채우면 울림에 응하지 않을 것이
니, 이 때문에 대인의 명은 반드시 마음을 비우고 덕이 반드시 그 빈곳
에 머물러서 빈곳이 저절로 왕성해져서 쓸모가 있어야만 큰 명성에 호
응하는 그릇이 있게 된다.]

庫中鬼는 勿取生旺이니 繼衰殃이니라

四庫(辰戌丑未)의 상극하는 鬼는 그 생왕함을 취하지 말아
야 하니 그렇지 않으면 쇠패와 재앙에 이어진다.

[當生旺者, 更引旺處, 福與禍倂庫中之鬼, 如甲見辛未, 金見己丑.]
[본명이 생왕에 해당하는 경우에 다시 왕처를 불러들이면 복과 재앙
이 庫중의 鬼와 함께 할 것이니 예컨대 甲이 辛未를 만나고 金이 己丑을
만나는 것과 같다.]

木本離而化薪하고 金趨坎而育水라

木이 離궁에 뿌리를 두면 땔나무로 변화하고 金이 坎궁을 향하면 水를 생육한다.

[木見火多, 或木重運至離宮, 則化柴薪也. 雖金生於水, 然子勝而母負也.]

[木이 火를 만남이 많거나 혹은 木이 중하고 운이 離궁에 이르면 땔나무로 변화되며 비록 金이 水를 생하지만 子(자식)가 왕해지고 母는 쇠하게 된다.]

水有火요 火有金이요 金有木이요 木有土요 土有水니라

水는 火를 소유하고 火는 金을 소유하고 金은 木을 소유하고 木은 土를 소유하고 土는 水를 소유하고 있다.

[如壬中有丁, 丙中有辛, 庚中有乙, 甲中有己, 戊中有癸.]

[예컨대 壬중에 丁이 있고 丙중에 辛이 있고 庚중에 乙이 있고 甲중에 己가 있고 戊중에 癸가 있다.]

干備而祿備

천간이 구비되면 녹이 갖추어진다

干備而祿備하며 命成而財成하며 身有地而官行하나
니 貴賤自此而見矣니라

천간이 구비되면 녹이 갖추어지며, 명이 이루어지면 재가
성취되며, 身(납음)이 왕지에 있으면 官이 행하여지는 것이
니, 귀천을 이로부터 알 수 있다.

[干爲天祿要正氣, 而有地備足貴扶之類. 支爲命, 納音爲身, 身
命順旺, 財在中也. 又能先論納音輕重, 而分干祿命財, 更身有命則
貴可知也.]

[간이 천록이니 정기가 필요하고 지지에 구비된 것이 넉넉하여 貴가
의지하는 부류가 있어야 하며, 지지가 명이고 납음이 신이니 신과 명이
거스르지 않고 왕하면 재가 그 가운데에 있는 것이다. 또 먼저 납음의
경중(왕쇠)을 논하고 간록과 지지財를 분별해야 하며, 다시 납음身이 지
지命을 생조함이 있으면 귀함을 알 수 있다.]

祿爲君子之性이요 命爲定性이요 身爲用性이요 時納
音爲居性이니라

干祿은 군자의 성정이고, 支命은 이미 그 사람에게 정해진 성정이며, 납음身은 작용하는 성정이고, 時의 납음은 거처하는 성정이다.

[言性則可至於命, 祿主貴, 故爲君子之性, 支爲定局, 取其屬以見人之定性. 納音主財能器, 爲用性也. 有時則三元之氣備, 所以見人居止動靜情性也.]

[본성을 말하면 천명에 이를 수 있으니 녹은 貴를 주관하므로 군자의 성정이고, 支는 정해진 국면이니 그 소속된 국면을 취하여 그 사람의 정해진 성정을 알 수 있다. 납음은 재능의 기량을 주관하므로 작용하는 성정이다. 時에는 삼원의 기가 구비되어 있으니 그것으로 그 사람의 행동거지의 정성을 볼 수 있는 것이다.]

貴氣無地면 賤生貴中이요 本賤有時면 貴生賤內며

귀기도 자리가 없으면 귀한 가운데 천함이 생기고 본명이 천해도 시운이 있으면 천한 가운데에 귀함이 생기며,

[本於日時上旺相保和, 却得貴氣來時上衰敗, 始貴終賤. 四柱落在貧賤氣中, 而時運在旺方逢時之貴氣, 賤中反貴也.]

[본명이 日時상에서 왕상으로 보호하고 화합해야 하는데 도리어 귀기가 時상에서 쇠패하게 됨을 만나면 처음은 귀하나 끝에는 천하게 되며, 사주가 빈천한 가운데에 떨어져 있어도 時운이 왕방에 있어서 時의

귀기를 만나면 천한 가운데에서 도리어 귀하게 된다.]

貴絶處觀殃이면 因貴賤中亡이요 賤臨貴鬼旺이면 賤向貴中死니라

귀인이 절처에서 재앙을 만나면 귀함을 근거로 했더라도 천한 가운데 죽게 되고, 천한 사람이 貴鬼의 왕지에 임하면 처음엔 천할지라도 뒤에는 귀한 가운데에 죽게 된다.

[貴備之氣, 至絶處更帶鬼, 雖貴人死於終賤, 主本賤臨鬼旺而有鬼氣來承, 雖賤而後亦貴.]

[貴가 갖추어진 기라도 절처에 이르고 다시 귀살을 대동하면 비록 귀인일지라도 종말에는 천한 가운데서 죽고, 본명이 천하더라도 귀왕에 임하여 귀기의 이어짐이 있으면 비록 처음엔 천하더라도 뒤에는 또한 귀하게 된다.]

支干太和而塞이요 夫婦失時而凶이라

지와 간이 크게 화합하는데도 운이 막히고 서로 합하여 부부가 되어 때를 잃어도 흉하다.

[五行支干納音專位相和則塞剝93), 如甲子逢己巳, 在秋生, 又見

---

93) 주역괘 중 건괘와 박괘, 앞길이 험하여 나아가기 어려운 상을 뜻함.

甲午沖命, 兩金克己巳木也.]

　　[오행지간과 납음의 전담하는 자리가 서로 화합하는데도 운이 불리
한 것이니, 예컨대 甲子金이 己巳木을 만나고 가을에 태어났는데 다시
또 甲午金을 만나면 본명을 충하게 되고 두 金이 己巳木을 극하게 되는
것과 같다.]

三元有地而貴요 四柱遞合而崇이니라

　　삼원이 자리를 얻으면 귀하게 되고, 사주가 번갈아 서로
합하면 지위가 높아진다.

　　[三元俱有用得地, 必富貴淸顯. 胎月日時交互相合而朝命, 即是
崇貴相輔, 淸顯之命也.]

　　[삼원이 모두 유용하게 자리를 얻으면 반드시 부귀하여 높은 자리에
있게 되고, 연월일시가 번갈아 서로 합하여 명주(年干支)를 향하면 그것
이 곧 지위가 높고 귀하여 정사를 보필하고 청고(淸高)하게 현달하는 명
이다.]

第二篇 眞假邪正 진가와 사정

變通拙而蔽於神

변통이 서툴면 신통함을 가리운다

變通拙而蔽於神이요 執一明而瞽於衆이니 辨明眞假 消息盈虛니라

변통이 서툴면 신통함을 가리우고 한 가지 밝게 아는 것 만을 고집하면 많은 도리에 어두운 것이니 진가와 소식과 영허를 밝게 분별해야 한다.

[陰陽無形爲道至妙, 須在智識變通爲比, 察觀眞假消息盈虛, 則 靈於神明.]

[음양은 형상이 없어도 그 도리는 지극히 교묘하므로 반드시 지혜와 식견을 가지고 변통하고 비교하며 진가와 소식과 영허를 관찰하는 데

달려 있으니 그렇게 하면 신처럼 밝음을 영험할 것이다.]

守位則正이요 失方則邪라

제 자리를 지키면 바르고, 제 방위를 잃으면 바르지 않다.

[如甲寅乙卯在亥卯未, 乃得正體, 若居巳酉丑之方, 謂之失位, 他皆仿此.]

[예컨대 甲寅이나 乙卯가 亥卯未의 자리에 있으면 곧 木의 바른 본체를 얻은 것이며, 만약 巳酉丑의 방위에 있으면 이것을 방위를 잃었다고 말하는 것이니, 다른 것도 모두 이와 같다.]

陰生陽死하여 逆順相因하니 甲氣申方이요 乙絶酉位라

음기가 生하면 양기가 死하여 역과 순이 서로 인연하니, 甲木의 기는 申金의 방위에서 絶이 되고, 乙木의 기는 酉金의 방위에서 絶이 되기도 한다.

[四時一陽生六陰死, 然陽道行左, 陰道行右, 如甲乙皆木也, 甲陽生亥而順行 至午則死 乙陰在午而逆行, 至酉爲絶.]

[일 년 사시는 一陽(子월)이 生하면 六陰(亥월)이 死하는데, 그러나 양기의 도는 좌로 행하고 음기의 도는 우로 행하니, 예컨대 甲과 乙이 모두 木인데, 甲은 양이므로 亥에서 장생이 되고 순행하여 午에 이르면 死

하며, 乙은 음이므로 午에 장생이 되고 역행하여 酉에 이르러 絶이 되는
것이다.]

子爲天正이니 歲時始於一陽이며 寅爲地首니 陽備人
興于甲이라

子는 천도의 正月이니 일 년 사시가 일양을 시작하며, 寅
은 지도의 시작이니 양기가 갖추어져서 사람이 甲時[94])에 일
어난다.

[建子之月一陽生焉, 是爲歲首, 則一日建子, 子時當爲一日之首.
建寅之月草木甲柝, 則陽氣備歲時興. 建寅之時則人興寢日事始,
非天道之始, 爲地首矣.]

[건자월(11월)에 일양이 생기므로 이것을 세수(歲首[95]))로 삼으니 초하
루에 북두칠성의 자루가 子방을 가리키는 달이며, 子시는 당연히 하루
의 시작이 되는 것이다. 건인월(1월)에는 초목이 싹이 트니 곧 양기가
갖추어져 일 년의 사시가 흥왕해지며, 건인시(寅시)는 사람이 잠자리에
서 일어나 하루의 일이 시작되는 때이니, 천도의 시작이 아니라 지도의
시작이 되는 것이다.]

天左中而左吉하며 地右半而坤鄕이라

---

94) 甲時는 二十四時의 여섯 번째 시간으로 오전 4:30~5:30에 해당함.
95) 일 년의 시작.

하늘은 왼쪽으로 운행하여 중앙에 이르니 왼쪽이 길하며, 땅은 오른쪽으로 운행하여 중간에 이르니 坤의 자리이다.

[太陽法天, 正月自子左行, 至六月在未, 未小吉也, 以是子爲天正也. 月建法地, 自正月建寅, 至六月在未, 未坤之境也, 而天地異見而至同焉.]

[태양은 하늘을 본보기로 하므로 정월이 子(동지)로부터 왼쪽으로 운행하여 6월에 이르면 未에 있게 되는데 未는 소길이며 이 때문에 子를 天의 正月이라 한다. 월건은 땅을 본보기로 하므로 정월부터 寅을 세워 6월에 이르면 未에 있게 되는데 未는 坤의 자리가 되니, 하늘과 땅이 다르게 보이지만 똑같음에 이르는 것이다.]

先天後地하여 宮土其中하여 人中貴神이요 丑土己土니 正體大吉하고 形體小吉이니라

하늘이 먼저 형성되고 땅이 뒤에 형성되어 중궁土가 그 중간에 있어서 인간의 귀신(貴神)이 되는데, 丑土는 己土이니 바른 본처에 속하여 대길하고 未는 형상적인 본체에 속하여 소길하다.

[言天自子行, 太陽至未如月建至寅, 然往而中會於未, 終於丑, 故宮土其中也. 天地自寅子左右行至中, 而終於丑, 常中於地之道

者, 未有人中之貴神, 丑爲大吉, 未爲小吉, 己同丑未之體, 左右天
地中會其方小吉, 所以立貴神用己丑爲家也. 夫貴神者在天爲紫微
星, 在地爲天乙貴神, 領諸干神助地旋德, 奉天行道以及乎人.]

[말하자면 하늘은 子로부터 운행하여 태양이 未에 이르며, 월건은 寅
으로부터 나아가 중간에 未에서 태양과 만나고 丑에서 사시의 운행을
마치므로 궁土(丑未)가 그 중간이 되는 것이다. 천도와 지도가 子와 寅으
로부터 좌우로 운행하여 중간에 이르고 丑에서 미치게 되니 항상 地의
도를 중간으로 하며, 未에는 인간의 貴神이 있어서 丑은 대길이고 未는
소길이며, 己는 丑未의 체질(土)을 함께 하는데 천지가 좌우로 운행하는
가운데 그곳에서 만나는 것이 소길이니 이 때문에 貴神을 세우고 己의
丑을 집으로 삼는 것이다. 무릇 貴神이란, 하늘에서는 자미성이고 땅에
서는 천을귀신이니, 모든 干의 神을 거느리고 지지의 선회하는 덕을 도
우며 하늘을 받들어 도를 행하여 사람에게 미치게 한다.]

戌亥爲天之成이요 辰巳爲地之往이니 故貴神逢天則左하고 遇地則右니라

戌亥(乾方)는 하늘이 공을 이루는 자리이고 辰巳(巽方)는
땅이 왕래하는 자리이므로, 貴神이 하늘(戌亥)을 만나면 좌
로 행하고 땅(辰巳)을 만나면 우로 행하는 것이다.

[言亥爲地之陰極, 戌爲天之神極, 守萬物成功卑用之位, 是謂天
之成也. 巳乃地之陽極, 辰爲天陰之始, 是萬物榮枯往來進功, 又戌

爲魁成, 辰爲罔幹, 故貴神逢天地眞運進退之所, 領諸神避之, 故逢天則左行, 遇地則右行也.]

[亥는 땅의 음기가 지극하고 戌은 하늘의 신이 지극하니, 만물을 수호하여 공을 이루고 쓰임이 있게 하는 자리이므로 이것을 하늘이 공을 이루는 자리라고 말하며, 巳는 땅의 양기가 지극하고 辰은 하늘의 음기가 시작되므로 이것은 만물이 번영하고 시들고 왕래하면서 공을 이루는 자리이며, 또 戌은 으뜸으로 이루어지는 것이고 辰은 그물의 벼리이므로, 貴神이 천지의 참된 운이 나아가고 물러가는 곳을 만나면 모든 神을 거느리고 그곳을 피하는 것이니, 그러므로 天을 만나면 좌로 행하고 地를 만나면 우로 행하는 것이다.]

天乙不守魁罡
천을귀인은 괴강의 자리를 지키지 않는다

天乙不守魁罡하고 庚辛陰陽合異라

천을귀인은 괴강(辰戌)의 자리를 지키지 않고, 庚과 辛은 음양에 따라 합하는 것이 다르다.

[天罡天魁, 是天地造化立事, 營始成終之位, 二辰主生殺之權行

刑政之統. 天乙紫微, 以吉德善輔行道而不亂, 典彝行令而不殺戮,
惟以正道尊嚴天德. 故分旦暮之位以別相儀, 陰陽之卜以當進退.
人能審是, 則見五行盈虛之異用矣.]

[천강(辰)과 천괴(戌)는 천지조화가 성립되는 일에 시작을 경영하고
끝을 이루는 자리인데, 두 지지는 생살(生殺)의 대권(大權)을 주관하고
형벌(刑罰)과 정사(政事)의 대통(大統)을 행하며, 천을귀인과 자미귀신은
길한 덕으로써 괴강이 도를 행하는 것을 잘 보좌하여 혼란하지 않게 하
고 일정한 법규로써 율령을 행하여 살육하지 않게 하여 오직 정도로써
천덕을 존엄하게 하는 것이므로, 아침저녁의 자리로 나누어 서로의 상태
를 분별하고 길과 흉에 대한 점으로써 진퇴에 당해야 하니, 사람이 이러
한 것들을 살필 수 있다면 오행영허의 특이한 작용을 알게 될 것이다.]

魁爲大煞이니 正月厭元이요 亥爲地將이니 正期神合이라

괴(庚辰·庚戌)는 대살이므로 정월(寅월)이 그것을 염원으
로 삼으며, 亥는 지지寅의 장(월장)이므로 바로 신합을 기약
한다.

[魁主肅殺摯斂之辰, 寅爲和氣生育之首. 故正月生, 體以九月爲
厭元, 亥爲登明, 正月將與合德期合也.]
[괴는 시들어 마르게 하고 모아서 거두어들이는 것을 주관하는 지지
이고, 寅은 온화한 기운으로 생육하는 데 으뜸이 되는 달이므로, 정월

(寅)생은 본래 9월(戌)을 염원으로 삼고 亥를 등명(登明⁹⁶⁾)으로 삼으니 정
월 월장과 합덕이 서로 합을 기약한다.]

德將無厭이면 淸華總領之人이니 德合月承하면 金殿
鳳台之貴니라

천월덕과 월장이 있고 싫어하는 것(戌)이 없으면 지체가
높아 모두를 거느리는 사람이니, 두 덕이 합하고 월장이 도
우면 화려한 궁전과 누대에 있는 존귀한 사람이다.

[亥人正月生, 得亥而無戌. 又此月生人, 天德在丁, 月德在丙,
更與四柱德合. 若人生有天月二德朝命承之, 必歷顯位.]

[亥년생이 정월에 태어나서 사주에 亥만 있고 戌이 없는 경우이며, 또
이달에 태어난 사람은 천덕이 丁에 있고 월덕이 丙에 있는데 다시 사주
와 두 덕이 합하는 경우이니, 만약 사람이 태어나 천월덕귀인이 명에
임하여 사주를 도우면 반드시 높은 지위를 역임한다.]

---

96) 등명(登明)은 월장 이름 중 하나.

金堅於土

金은 土보다 견강하다

金堅於土요 乾坤妙用無方하며

金은 土보다 견강하며, 건과 곤은 작용이 묘하여 일정한 방도가 없으며,

[金土一也, 主色麗而堅剛於土, 陽自陰生而尊於陽.]

[金과 土는 동일한 것으로 주로 색이 미려하지만 金이 土보다 견강하며, 양이 음으로부터 생기므로 음이 양보다 존귀하다.]

土重而金生하고 金强而育水하며 水流而歲成하고 木交而火熾니라

土가 중하면 金이 생기고, 金이 강하면 水를 기르며, 水가 흐르면 한 해의 결실이 이루어지고, 木이 서로 마찰하면 火가 일어난다.

[清者自濁而澄, 靜者乃動之機, 是土重則金生矣. 濕生土, 土生金, 故云金生水, 水實地中行非假金, 故云金土一也. 水既生旺, 則木榮長矣. 木相摩而火熾.]

[맑은 것은 탁한 것으로부터 맑아진 것이며, 고요함은 곧 움직임의 기틀이니, 이에 土가 중하면 金이 생기는 것이다. 습에서 土를 생하고 土에서 金을 생하므로 金이 水를 생한다고 하지만 水는 실제로 땅 가운데로 행하고 金을 빌리지 않으므로 金과 土가 동일하다고 한 것이며, 水가 이미 생왕하면 木이 번영하고 성장하며 木이 서로 마찰하면 火가 일어나는 것이다.]

火無我也면 夫薪歸土요 火遇土不能生이면 鬼在旺方이니 看五行之輕重이라

火가 자신의 본분을 잊으면 저 땔나무는 쓸모가 없으므로 흙으로 돌아가야 하며, 火가 土를 만나도 상생하지 못하면 귀살이 왕방에 있어서이니 오행의 경중을 살펴보아야 한다.

[火無相托物現形, 故謂之神, 靑赤而爲父子, 故火無木則化灰塵也. 盈虛相代, 逆順相成, 未始有生, 未始有死, 綿綿無窮, 妙應無方, 用之不匱, 乃五行之陰陽.]

[火가 서로 의탁하는 물건(木)이 없이 스스로 형상을 나타내므로 그것을 元神이라 하며, 청과 적은 부자간이므로 火는 木이 없으면 꺼져서 재와 티끌이 된다. 영과 허가 서로 교대하고 역과 순이 서로 이루어져서 처음부터 生하거나 死하는 적이 없이, 끊임없이 이어져 끝이 없고 미묘한 응용이 일정한 방도가 없으며, 그것을 써도 다 없어지지 않는 것이 곧 오행과 음양이다.]

測於無形이요 不執乎相이라야 乃得眞際라

음양오행은 형상이 없는데서 헤아리고 형상에 집착하지
않아야만 참된 뜻을 알 수 있다.

[五行支干相因而生, 納音五行周運無窮. 陰陽之道不見聲形, 無
以比擬, 執相之論直須盡神, 攄披變通乃不亂用.]

[오행의 간지는 서로 인연하여 생기고 납음오행은 두루 운행하여 끝
이 없으며, 음양의 도는 소리나 형상을 나타내지 않으므로 무엇으로도
비교하여 헤아릴 수 없으니 형상에 집착하는 논리는 다만 정신을 다하
게 할 뿐이므로, 내용을 펼치고 분석하여 규칙에 얽매이지 않고 상황에
따라 처리하면 어지럽게 쓰지 않을 것이다.]

或有陽守陰多而利요 陰逢陽盛而殃이니라

혹 양이 음을 만남이 많으면 유리하며, 음이 양을 만남이
많으면 재앙이 있다.

[一者衆之歸, 故陽多得陰而利. 陰卑而陽盛, 故一陰衆陽, 必多
殃競.]

[양 하나에 많은 음이 돌아오므로 양은 음을 만남이 많으면 유리하
며, 음은 쇠하고 양은 성한 것이므로 음 하나에 양이 많으면 반드시 많
은 재앙이 다투어 발생하는 것이다.]

日遇隔角孤有用이니 陽就妻而成家요 婦若奔夫면 二位雖貴合六馬라

일의 간지가 격각살이나 고신을 만나도 쓸모가 있으니 남편이 처에게 나아가서 가정을 이루는 경우이며, 아내가 만약 남편에게 달려가서 합한다면 두 자리가 곧 귀하게 합하여 귀인·역마 등이 있는 것이다.

[以年爲夫, 以日爲婦, 如日在孤絶隔角, 卻於年上有吉神之氣, 宜陽就陰爲吉. 如甲辰得己酉, 是陽不往合其陰也, 爲婦奔夫, 禮所屈也. 若己丑合甲子, 是夫位有貴神, 財命進旺, 故從夫也.]

[연을 남편, 일을 아내로 간주할 때 만일 일주에 고절(고신)이나 격각살이 있어도 연주에 길신의 귀기(貴氣)가 있다면 마땅히 양이 음에게 나아가야 길한 것이니, 예컨대 甲辰이 己酉를 만나는 경우에 양이 음에게 가서 합하지 않고 아내가 남편에게 달려가면 예가 굽혀지는 것이며, 가령 己丑이 甲子와 합하는 경우에는 남편의 자리에 貴神이 있고 재명이 왕방으로 나아가므로 남편을 따르게 되는 것이다.]

先上淸而得之下濁하고 後下濁而升越上淸이라

먼저 위 천간의 청기가 그 아래 지지의 탁기를 만나고, 뒤에 아래 지지의 탁한 기운이 올라가서 위의 청기에 이르는 것이다.

[先取上之輕淸爲用神之福, 次看濁氣居下. 上雖淸而不秀, 則取
下濁有用之氣, 爲福所升越爲上矣.]

[먼저 천간의 가볍고 맑은 기운을 취하여 용신의 복으로 삼고, 그 다
음에 탁한 기운이 아래에 머무는 것을 보아야 하니, 위가 비록 맑더라
도 기가 빼어나지 않으면 아래의 탁한 음기 중에 쓸모 있는 기를 취하
되, 위로 올라가 상간이 된 것을 복으로 삼는 것이다.]

甲子己丑是天地合
甲子와 己丑은 천간과 지지가 모두 합한다

甲子己丑은 是天地合이니 輕重自分이요 丁亥壬辰은
淸潔會니 支干尤亨이라

甲子와 己丑은 천간과 지지가 모두 합하니 경중(강약)이 저
절로 분별되며, 丁亥와 壬辰은 청결하게 합하니 지와 간이 더
욱 형통하다.

[彼我往來, 皆在囚死, 故雖有貴者不能扳萃, 猶不若己丑見甲子
是也. 丁亥地貴符, 壬辰祿淸潔, 丁壬合, 氣爲木生於亥, 而更辰與
亥爲秀德合, 貴氣互換, 乃淸潔也. 若壬辰生而得丁亥, 未爲盡善.]

[피차가 서로 왕래해도 모두 휴수사절의 자리에 있으므로 비록 귀함이 있더라도 특별히 빼어나지는 못하니 오히려 己丑이 甲子를 만나는 것만 못한 것이 이것이다. 丁亥는 지지가 귀부(貴符[97])이고 壬辰은 녹이 청결하니,[98] 丁과 壬이 합하면 기가 木이 되어 亥에 장생하고, 다시 辰과 亥가 빼어난 덕합(천월덕)이 되어 귀기(貴氣)가 서로 교환되니 곧 청결한 것이다. 그러나 壬辰년생이 丁亥를 만나면 훌륭함을 다한 것이 되지는 못한다.]

寅中有甲하여 得陰土以爲妻니 方知甲與己合이요 丑寅未會라

寅중에 甲木이 있어서 음土를 만나 처로 삼는 것이니, 비로소 甲과 己가 합하고 丑과 寅과 未가 서로 합함을 알 것이다.

[甲己寅未相合, 甲寅同體, 丑未同己, 故寅見丑未爲合.]

[甲과 己, 寅과 未가 서로 합하는 것이니 甲과 寅은 똑같은 체성이고 丑과 未는 같은 己이므로, 寅이 丑이나 未를 만나면 합이 되는 것이다.]

子巳體壬丁之會하며 卯申同乙庚之交하며 丙午辛酉無干이면 不爲破刑하며 癸始亥中하고 辰戌得同乎戊하니 此乃有無之相承하여 異乎六合之配偶니라

---

97) 亥가 丁을 극하여 官符(관리의 징표)가 됨.
98) 壬水는 子에 왕한데 辰은 子와 삼합함.

子와 巳는 壬과 丁의 합에 근본을 두며, 卯와 申은 乙과 庚의 교합과 같으며, 丙午와 辛酉는 干이 합이 되고 파극함이 없으면 지지도 파형되지 않으며, 癸水는 亥가운데에서 비롯되고 辰戌은 戊土와 같음을 이루므로 이것이 곧 있고 없는 것이 서로 이어져서 육합의 짝과 다른 것이다.

[此言皆天地同道而分, 一二三生而陰陽數異而爲支干, 故同體者支配干合矣.]

[이것은 모두 天과 地가 道를 같이하여 음양으로 나뉘고, 一二三이 생기고 음양의 수가 달리 변하여 간지가 되었으므로, 체성이 같은 경우에는 支가 干과 짝하여 합함을 말한 것이다.]

同形則貴在巖廊이요 六合或淸居邦敎니라

간지가 같은 형태로 합하는 경우에는 귀한 몸이 암랑(巖廊99))에 있게 되고, 육합이 혹 청결하게 합하는 경우에는 방교(邦敎100))에 있게 된다.

[辰亥子巳之數, 皆同形之合, 故貴而遇者必高大, 六合專位貴爲淸選.]

---

99) 암랑: 궁전의 행랑, 조정
100) 방교: 나라의 교육기관

[辰亥子巳의 수(法式)는 모두 같은 형태의 합이므로 귀하게 만나는 경우에는 반드시 높고 크게 되며 육합이 전담하는 자리가 귀하면 청고(淸高)하고 뛰어난 인재가 된다.]

連屬이면 不言孤寡淸絶이요

사주간지가 끊어지지 않고 이어지면 고과(孤寡[101]))와 청절(淸絶[102]))을 말하지 않으며,

[一作純粹.]
[한결같이 순수함을 이룬다.]

可勝乖違니라

어그러짐을 이겨낼 수 있다.

[如亥得寅戌, 寅見丑未, 或支干朝會包裹貴人連屬, 本命雖犯孤寡亦吉. 如壬辰丁亥甲午己未, 雖主木乖違, 卻有淸純秀氣, 可以爲福.]
[예컨대 亥가 寅戌을 만나고 寅이 丑未를 만나서 혹 支와 干이 年命을 향하면서 귀인을 감싸고 있는 형국이 연속되면, 그 본명이 비록 고과(고신, 과수)를 범했더라도 길하며, 또 壬辰, 丁亥, 甲午, 己未는 비록 주로 木과 어긋나지만 도리어 청순한 수기가 있으므로 복이 될 수 있다.]

---

101) 고아와 과부
102) 서늘함과 처량함

多取眞形

진실한 형체를 바르게 취해야 한다

大凡多取眞形하고 愼勿專持假體하며 寅午戌氣禧於
申인댄 更觀干頭之輕重이니 合守安馬於戌하여 全要無
形하면 土馬守於離陽하여 晶應於子니라

　무릇 진실한 형체(진용신)를 바르게 취해야 하고, 임시로
정한 형체(가용신)를 마음대로 취하지 말며, 寅午戌의 기가
申에서 복이 되려면 다시 간두의 경중을 보아야 하니 반드
시 戌에서 馬를 지켜 편안하게 하여 전혀 형체가 없게 하면
土馬[103]가 火에 의하여 지켜져서 밝음이 子에 호응한다.

　[五行支干配用, 先推眞者爲用, 則五行之妙見也. 火體氣病散禧
於申, 須看干頭所配 生殺三支輕重, 以論乎吉凶. 三合季地乃華蓋
下之暗馬, 會之者亦當富貴, 大忌沖破之處. 土無正氣, 寄於離火爲
精神, 而祿應於子也, 則土水爲夫婦, 由水之於火正, 守子午之位.]

　[오행간지의 용신 배합에 먼저 진실한 것을 추산하여 용신으로 삼으
면 오행의 묘함이 나타난다. 火체성의 기가 병(病)으로 여기는 것은 申
에서 복이 흩어지는 것이니, 반드시 간두에 배치되어 생하거나 극하는

---

103) 土馬는 戌의 馬, 곧 申.

세 지지의 경중을 보아서 길흉을 논해야 하며 삼합의 끝자리인 辰戌丑未가 곧 화개 아래의 암마(暗馬)이니 그것을 만나는 경우에는 또한 마땅히 부귀하게 되므로 충파의 자리를 크게 꺼린다. 土에 정기가 없을 때이 火에 의지하여 정신으로 삼아서 녹이 子운이나 子년에 호응하게 되는 것은 곧 土와 水가 부부로 상응하는 것이니, 水가 火에 이르는 것이 바르기 때문에 子午의 자리를 지키는 것이다.]

三元失地면 雖貴而弗貴요 上下得眞이면 雖賤而未賤이니라

삼원이 모두 자리를 잃으면 비록 귀한 신분에 있더라도 귀하게 살지 못하며, 간지 상하가 참됨을 만나면 비록 천한 지위에 있더라도 천하게 살지 않는다.

[三元失地, 雖貴者必遭貶而不康寧. 如甲子得壬子己丑甲寅乙卯癸亥戊辰, 乃天地之吉氣, 雖賤而不知卑矣.]

[삼원이 자리를 잃으면 비록 귀한 자라도 반드시 깎임을 당하여 편안치 않으며, 가령 甲子가 壬子나 己丑, 甲寅, 乙卯, 癸亥, 戊辰을 만난 경우에는 곧 천지간의 길한 기운이므로 비록 천하더라도 낮음을 알지 못한다.]

蓋陽盛則禧陽이요 陰極則殺陰이 是也니라

무릇 양이 왕성하면 양을 복되게 하고, 음이 지극하면 음을 줄이는 것이 옳다.

[陰陽各得專位而不爲遇極, 雖身受死絶亦有富貴之理. 凡論陰陽
勝負, 必分眞假邪正, 斯可矣.]

[음양이 각각 전담하는 자리를 얻어 한쪽으로 치우침을 만나지 않으
면 비록 身이 사절지에 있더라도 부귀하는 이치가 있으니, 무릇 음양
승부를 논할 때에는 반드시 진가와 사정을 분별해야만 옳은 것이다.]

第三篇 升降淸濁 승강과 청탁

父子之行年同體
부자간에는 행년이 체성을 함께한다

父子之行年同體니 子享父利하며 夫婦之祿馬并傷이니 妻殃夫病이니라

부자간에는 행년이 체성을 함께하니 자식이 복을 누리면 부모도 유리하며, 부부간에는 녹마가 상해를 함께하니 아내가 재앙이 있으면 남편도 병이 나는 것이다.

[年父時子, 生我爲父, 尅我爲子. 二者氣用在行年上分吉凶, 各隨其用以分休咎. 年祿日馬, 日祿年馬, 各有時害, 則夫婦并傷也.]

[연은 父, 시는 子인데 我를 생하는 것은 父이고 我를 극하는 것은 子이니 두 가지 기의 작용이 행년 상에서 길흉을 분별하니 각각 그 작용

에 따라 휴구(행복과 재앙)를 나누며, 연록이나 일마, 일록이나 연마가 각각 때에 따라 해를 당함이 있으면 부부가 함께 상한다.]

五墓는 爲歲藏之地니 時貴亦妨하며 四孟은 是孤絶之 方이니 帶煞必克이라

오행의 묘(辰戌丑未)는 일 년 사계절에 소장된 자리이니 時에 있으면 귀하더라도 또한 부모를 방해하며, 사맹(寅申巳亥)은 고신·절살의 방위이니 다시 다른 흉살을 대동하면 반드시 부모를 극한다.

[四季爲五行之墓, 萬物之所終也, 生時逢之, 雖會吉而貴, 亦主 妨害尊親也. 四孟上有孤辰氣絶, 若更見亡神刧煞歲刑, 亦主妨害 父母也.]

[사계는 오행의 묘지로 만물이 생을 마치고 돌아가는 곳이니 生時가 이것을 만나면 비록 길함을 만나 귀하게 되더라도 또한 대체로 부모에 게 방해되며, 사맹에는 고신(孤辰)과 기절(氣絶)이 있으니 만약 다시 망 신·겁살·세형 등을 만나면 또한 대체로 부모를 방해하는 것이다.]

子午는 乃陰陽之至요 卯酉는 爲日月之門이니 死敗全 逢이면 刑猶壽考니라

子와 午는 곧 음양의 극지점이고 卯와 酉는 해와 달의 문이니, 사패(子午卯酉)를 온전히 만나면 형극함이 있더라도 오히려 장수한다.

[四仲時生, 主無妨敗, 若年死敗有生, 主有壽及父母.]

[사중(子午卯酉)시생은 대체로 방해와 쇠패가 없으니, 만약 연주가 사패의 자리에 있고 生이 있으면 장수가 부모에게 미친다.]

有祿者는 干支生成이니 動則周觀하며 闕祿者는 財命身祿이니 行游一理라

천간이 록을 지닌 경우에는 간지가 서로 생성하니 움직임에 있어서는 두루 관찰해야 하며, 녹을 지니지 않은 경우에는 재명과 신록을 보아야 하니, 행운(行運)에 있어서는 한 가지 이치로 유행한다.

[干祿破傷, 五行不秀, 須推財命, 不可一揆推其官鬼, 至於行運, 亦不論干頭祿馬矣.]

[간록이 형상을 당하여 오행의 기가 빼어나지 못하면 반드시 재명을 미루어 논해야 하고, 한 가지 논리로 관귀를 헤아려서는 안 되며, 행운에 이르러서는 또한 간두의 녹마를 논하지 않는다.]

祿位有無는 論於官鬼니 官鬼競馳면 災殃併亂이니라

녹위의 유무는 관귀의 유무를 논해야 하니 관귀가 다투
어 달리면 재앙이 함께 뒤얽힌다.

[**身有地祿氣無刑, 更要干中無官鬼, 有官鬼雖貴而多殃.**]

[본명 천간이 지지의 녹을 지니고 다른 형극의 기가 없으면 다시 반
드시 사주천간 중에 관귀가 없어야 하니 관귀가 있으면 비록 귀하게 되
더라도 재앙이 많다.]

身土遇火生而漸利

身土는 火의 생조를 만나면 점점 유리해진다

身土遇火生而漸利하고　命水得金降而優長하며　金多
須火나　或從革以成名하며　木重得金이나　揉曲直而任使
하며　水流不止면　息土以攘之하며　火盛無依면　惟水以
濟之니라

본명土는 火의 생조를 만나면 점점 유리해지고 본명水는
金의 강림을 만나면 더욱 빼어나며, 金이 많으면 火를 써야
하지만 혹 그대로 따르고 변하여 이름을 이루는 경우도 있

으며, 木이 중하면 金을 만나야 하지만 굽고 곧음을 따라 일을 맡기고 부리기도 하며, 水가 흘러서 멈추지 않으면 土를 증식하여 水를 물리쳐야 하며, 火가 성하여 木이 의지할 수 없으면 오직 水로써 그것을 구제해야 한다.

[生命喜於生旺, 祿干不嫌尅制. 金重無火, 而集旺於酉中, 亦可以成名. 木重須金, 如無金而亥卯未亦爲曲直理斷之任使. 水流不止, 惟土以防之, 水流不進欲以土尅發, 仍有水土之輕重. 如火之盛旺, 左右無木, 須得水制, 方成旣濟使不極也, 火輕則不然.]

[본명을 생조하려면 생왕을 좋아하고, 녹을 지닌 천간은 극제를 싫어하지 않으며, 金이 중하고 火가 없으면 酉 중에서 왕함을 모아도 또한 이름을 이룰 수 있으며, 木이 중하면 金을 써야 하는데 만일 金이 없고 亥卯未만 있으면 또한 굽고 곧은 대로 다스리고 판단하는 쓰임이 되며, 水가 흘러 멈추지 않으면 오직 土로써 그것을 막아야 하는데 水의 흐름이 적어서 나아가지 않을 때 土로써 극하여 발달하게 하려면 곧 水土의 경중을 살핌이 있어야 하며, 만일 火가 성왕하고 좌우간지에 木이 없으면 반드시 水의 극제를 만나야 비로소 수화기제(水火旣濟)를 이루어 지극함에 이르지 않게 되는데 火가 가벼우면 그렇지 않다.]

丙寅丁卯는 秋冬宜以保持하며 戊午庚申은 彼我得之超異라

丙寅·丁卯는 추동의 金水운에는 마땅히 火의 힘을 보호

하여 지켜야 하며, 戊午·庚申은 피차간에 상대방을 만나면
뛰어난 성공이 있다.

[木不南奔, 火無西旺, 故火木至秋冬, 勢恐不久. 庚申石榴木夏
旺, 故喜戊午, 蓋天官旺而石榴之木性得時, 戊午乃旺極之火氣喜
於甲, 見天馬相資也.]

[木이 남으로 달리지 않고 火가 서쪽에서 왕성한 법이 없으므로 火와
木이 추동에 이르면 그 형세가 오래가지 못함을 두려워하며, 庚申은 석
류목이라 여름에 왕하므로 戊午火를 좋아하니 이것은 천관이 왕하고 석
류목의 체성이 때를 만난 것이며, 戊午는 곧 극왕의 火氣이므로 甲木을
좋아하며 천마를 만나면 서로 돕게 되는 것이다.]

時居日祿이면 當得路於青雲이요 五馬交加면 可致身
於黃閣이라

시지에 일간의 녹이 있으면 마땅히 청운(青雲[104])의 기를
얻으며, 오마가 서로 왕래하면 몸이 황각(黃閣[105])에 이를
수 있다.

[生月生日兩祿干在時, 如敏少宰己巳年己巳月己巳日庚午時是也
甲日得寅時, 須有氣而能朝命主, 本三無氣, 亦可清貴, 但壽福不永

---

104) 입신출세
105) 재상의 집무실

耳. 年月日時胎五馬不閑, 定爲文儒之貴, 若年馬時馬華蓋馬, 及二位天馬不閑亦是. 如王安中左丞乙卯年丁亥月乙巳日丁亥時是也.]

[생월과 생일, 두 간의 녹이 시에 있는 것이니 예컨대 민소재의 사주인 己巳, 己巳, 己巳, 庚午와 같은 것이 그것이다. 甲일이 寅시를 만나면 반드시 생기가 있어서 명주를 향할 수 있으며, 본명 삼주가 무기면 또한 청귀하게 될 수는 있으나 다만 수복이 오래가지 못할 뿐이다. 연월일시태의 오마가 한가하지 않으면 반드시 학자 중에 귀한 사람이 되니 가령 연과 시에 마가 있고 화개가 마와 합하거나 두 자리의 천마가 한가하지 않은 것도 이 경우인데 예컨대 왕안중 좌승의 사주인 乙卯, 丁亥, 乙巳, 丁亥와 같은 것이 그것이다.]

丁壬喜乎丙辛이요 乙庚愛乎甲己며

丁壬(木)은 丙辛(水)을 좋아하고 乙庚(金)은 甲己(土)를 좋아하며,

[言彼有此辨一分氣, 是得一分三之義, 乃氣相生也.]
[피차간에 한 부분의 기를 분별함이 있음을 말한 것이니, 이것이 하나를 얻어 셋으로 나눈다는 뜻이니 곧 기가 상생하는 것이다.]

甲午愛官旺이요 辛酉忌生旺이라

甲午는 관왕을 좋아하고 辛酉는 생왕을 꺼린다.

[强悍砂袄之金, 欲得官鬼有生旺之氣, 亦可爲貴旺, 不必爲官也. 辛酉氣絶之木, 欲生旺以爲榮, 然金中之木, 金木未成器爲貴美亦可矣.]

[甲午는 강하게 모래 속에 스며들어간 金이니 반드시 官鬼의 상극단련을 만나 생왕의 기가 있어야 또한 귀왕해질 수 있는 것이지 반드시 官이 되어야 귀하게 되는 것이 아니며, 辛酉는 수기(秀氣)가 빼어난 木이니 반드시 생왕한 것을 영화로 여기는데 그러나 辛酉는 金중의 木이므로 金木이 아직 그릇을 이루지 않았으니 귀하고 아름답게 되는 것이 또한 옳은 것이다.]

物之未闊에 盛衰有漸이니

만물이 아직 번성하지 않았을 때에는 번성하고 쇠퇴하는데 점차적으로 함이 있는 것이니,

[物生有漸則堅實, 蓋其進銳者其退速, 是以五行之命貴在中庸之氣.]

[만물의 생장에 점차적으로 함이 있으면 견실한 것이니 무릇 그 나아감이 빠른 것은 물러감도 빠르므로 이 때문에 오행의 명의 귀함이 중용의 기에 있는 것이다.]

以慶爲吉慶弗吉이요 知凶遠凶凶敗無라

기쁜 것만을 길하게 여기면 기쁘더라도 진실로 길하지 않은 것이며, 흉함을 알아서 흉함을 멀리하면 흉사와 패사가 없게 된다.

[作福作威, 返福爲禍. 知命畏天, 轉禍爲福.]

[복을 내리기도 하고 위협하기도 하면 복을 돌려 재앙이 되게 하는
것이며, 천명을 알고 하늘을 두려워하면 재앙을 돌이켜 복이 되게 하는
것이다.]

有根而無苗
뿌리는 있는데 싹이 없다

有根而無苗면 實貧而尚可甘餐이나 本氣絶而花繁이
면 縱子成而味拙이라

뿌리는 있는데 싹이 없는 경우에는 열매가 빈약하더라도
오히려 달게 먹을 수 있으나, 본기가 쇠절했는데 꽃이 번성
하는 경우에는 비록 열매가 이루어지더라도 맛이 좋지 않다.

[根基主本有氣, 雖食運不扶合, 亦可作六親優備, 平生自足之命.
三元四柱本無旺氣, 得到福祿之運, 亦乍擧乍勝, 不可以大榮達也.]

[근기는 본명에 기가 있음을 주관하니 비록 식록의 운이 부합하지 않
더라도 또한 육친이 넉넉히 갖추어질 수 있어서 평생토록 자족할 수 있

는 명이다. 삼원과 사주가 본래 왕기가 없으면 복록의 운에 이르게 되더라도 또한 잠깐 일어났다가 갑자기 망하여 크게 영달할 수 없다.]

君子小人之用은 否泰各端이요 支煞納音之情은 體何一揆리오

군자와 소인의 용도는 비태(길흉)의 실마리가 각각 다르며, 지의 살과 납음의 뜻도 그 본질을 어찌 한 가지로 헤아리겠는가.

[支干配祿馬貴神, 君子之事也. 納音財帛支煞, 小人之用也. 乃分君子小人兩端推之.]

[지와 간이 녹마와 귀신에 배합하는 것은 군자의 일이며, 납음, 재백, 지살 등은 소인의 용도이니, 곧 군자와 소인을 구분하여 두 가지로 미루어 판단해야 한다.]

寅申巳亥生成이라도 而有子有孫이요 祿命身源衰旺이라도 而存終辨始라

사주에 寅申巳亥가 형성되어 있더라도 子도 있고 孫도 있으며, 녹명신(간록·지명·납음)의 근원이 쇠하거나 왕하더라도 처음부터 끝까지 분명하게 살펴서 분별해야 한다.

[四孟上見四柱之生旺, 更不必推, 乃有子有孫也. 又說須是六合相合方論此, 如見六害却無息也. 如癸亥年庚申月壬寅日乙巳時, 卻無嗣, 先看三元輕重, 次看四柱盛衰, 旣見主本高低, 乃論運中得失.]

[사맹(寅申巳亥) 상에 사주의 생왕함을 만나면 다시 추론할 필요 없이 곧 자손이 있는데 또 반드시 육합이 상합하여야 비로소 이것을 논할 수 있음을 말한 것이니 만약 육해가 있으면 도리어 자식이 없다. 가령 癸亥년 庚申월 壬寅일 乙巳시인 경우에는 도리어 자식이 없으니 먼저 삼원의 경중을 보고 다음에 사주의 성쇠를 보아서 주체와 근본의 고저를 본 뒤에 아울러 대운 가운데의 득실을 논해야 한다.]

順往而亨이요 逆者則否니 逆順之情은 從大小運而言之라

순종하여 행하면 형통하고 거스르는 경우에는 불길한 것인데, 거스르거나 순종하는 사정은 대소운으로써 그것을 말한 것이다.

[言三元分於四柱, 要互換生旺, 然後以九命看二運上, 要休旺相順爲吉, 勝負相逆爲否.]

[삼원이 사주에 분포되어 있으므로 반드시 서로 생왕해야 하며, 그런 뒤에 구명으로써 대소 두 운과 비교해 보아야 하니, 반드시 휴왕함이 서로 순행해야만 길하고 승부가 서로 거스르면 불길하다.]

智仁禮信義는 水木火土金이니 論十二數者는 支干極也라

지·인·예·신·의는 水·木·火·土·金이니 12가지 수를 논한 것이 지와 간의 극치이다.

[水即言智, 木則近仁, 火則主禮, 土則主信, 金則主義, 以支干相配五行, 各有十二位也.]

[水는 지(智)를 말하고 木은 인(仁)에 가깝고 火는 예(禮)를 주관하고 土는 신(信)을 주관하고 金은 의(義)를 주관하니, 지와 간을 오행에 서로 배당하면 각각 십이위가 있다.]

智仁則淸이요 禮義則濁이며 信從四時之氣니

지와 인은 청기(淸氣)이고 예와 의는 탁기(濁氣)이며 신은 사시의 기를 따르는 것이니,

[水木和柔, 主文章淸秀. 金火剛暴, 主威武濁勇. 土隨四時而有濁有淸, 當隨所犯而言之.]

[水와 木은 온화하고 유순하니 문장의 청아하고 수려함을 주관하며, 金과 火는 굳세고 사나우니 위엄과 무력이 있고 거칠고 용감함을 주관하며, 土는 사시를 따르므로 탁기도 있고 청기도 있으니 마땅히 저촉되는 바에 따라 이것을 말해야 한다.]

清無地而後濁이요 濁有時而返淸이며 淸得地而轉淸
이요 濁會濁而愈濁이니라

청기(水木)가 자리가 없은 뒤에는 탁하게 되고, 탁기(金火)
가 때를 만남이 있으면 도리어 청귀해지며, 청기가 자리를
얻으면(水木이 생왕해지면) 더욱 청귀해지고, 탁기가 탁기
를 만나면(金火가 생왕해지면) 더욱 탁해진다.

[水木失地, 雖貴必俗, 濁而爲武人. 金火得四時之生旺氣反淸貴,
而主文章繼世, 爲天下英賢秀士. 如木生亥卯未, 而有水生之性也.
金水有用, 可武耀於疆場, 爲天下元帥.]

[水木이 자리를 잃어 쇠약하면 비록 귀하더라도 반드시 저속해지고
성정이 탁해져서 무인이 되며, 金火가 사시 중에 생왕한 기를 만나면 도
리어 청귀해져서 대체로 문장이 대를 잇고 천하에 영특하고 현명하고
빼어난 선비가 되니, 예컨대 명격에서 木이 亥卯未에 생하면 水가 생왕
해지는 성질이 있으며, 金水가 쓸모가 있으면 국경에서 무위가 빛나 천
하에 대원수가 될 수 있다.]

旺相之義를 官鬼豈分이리오 淸濁之源은 輕重可別이
니라

왕상의 뜻을 관귀로 어찌 분별하겠는가. 청탁의 근원은
경중으로 분별해야 한다.

[戊午火旺盛, 見木水相乘, 則官在其間也. 如無水木即須見祿. 水木金火各先分所得納音之氣輕重, 然後論所得之地, 以辨輕重淸濁.]

[戊午는 火가 왕성하니 다른 간지에 木水가 기세를 타면 官(水)이 그 사이에 있게 되는데 만일 사주에 水木이 없으면 반드시 녹을 만나야 하며, 명격 중에 水木과 金火는 각각 먼저 얻은 납음의 기의 경중을 분별해야 하고 그런 뒤에 얻은 지위를 논하여 경중과 청탁을 분별해야 한다.]

應得墓者守成而無害

오행입묘를 얻은 경우에는 이룬 사업을 지켜야만 해로움이 없다

應得墓者는 守成而無害요 臨生旺者는 自損抑則崇性하며

무릇 오행 입묘를 얻은 경우에는 이룬 사업을 지켜야만 해로움이 없으며, 생왕에 임한 경우에는 자신을 억제하여 겸양해야만 성정을 숭고히 하게 되며,

[凡得五行在墓, 其中見財富官貴者發旺, 卽已當功成身退, 守之乃榮. 本末皆旺, 而運氣更臨生旺, 是人富貴得時者, 宜自謙退.]

[무릇 명격 중에 어떤 오행이 묘위(辰戌丑未)에 있어서 그 중에 재가 풍부하고 관이 귀함을 만나 몸을 일으킴이 왕성한 경우에는 곧 이미 마땅히 공이 이루어지면 몸이 물러나서 그 재가 풍부하고 관이 귀함을 지켜야만 영화로울 것이며, 사주가 모두 왕하고 행운이 다시 생왕한 자리에 임하면 이 사람은 부귀하여 때를 만난 것이니 마땅히 스스로 겸손하고 사양하는 태도를 가져야 한다.]

祿馬氣聚하고 刑備貴全하면 淸則淸貴요 濁則濁榮이니라

녹마의 기가 모이고 관형(官刑)이 갖추어지고 귀인이 온전하면, 청기인 경우에는 문장으로 귀하게 되고, 탁기인 경우에는 무관으로 번영한다.

[祿馬在身命之刑位者, 若見貴人全聚德合生氣聚旺, 不論淸濁, 皆主富貴.]

[녹마가 신명의 형위(충극)에 있는 경우에 만약 귀인이 온전히 모이고 덕합의 생기가 왕성하게 모임을 만나면, 청탁(문무)을 논할 것 없이 모두 부귀를 주관한다.]

偶者則升이요 孤者則降이라

복록이 짝을 이루면 격이 상승하고 고절하면 격이 강등

한다.

[支干祿會福祿集聚, 則升淸爲上格. 如不得天元一氣, 若又支干
孤絶正氣刑破, 卻逢身會旺相有貴者, 當降爲下品之格.]

[지간에 녹이 모여 복록이 모이면 문관으로 승진하여 상격이 되며,
만약 천원일기를 얻지 못하고 또 지간이 고절하여 정기가 형파되었는
데 도리어 납음身이 왕상을 만나고 귀함이 있게 됨을 만나는 경우에는
마땅히 강등되어 하품의 격이 된다.]

德將相扶면 金印垂腰之貴요 遞相揖讓이면 調鼎位極
人臣이니라

천월덕과 월장이 서로 도우면 금인(金印)을 허리에 두르
는 귀한 사람이며 사주가 번갈아 서로 읍하고 사양하면 국
가를 다스리는 지위가 지극한 신하이다.

[天月德臨月將事合神, 乃主紫綬金章之貴. 支干六合淸氣合四
柱, 支干左右朝命柱者, 乃極品之貴人也.]

[천월덕이 임하고 월장이 귀신을 받들어 합하면 곧 자주빛 인수와 금
빛 관복을 주관하는 존귀한 사람이며, 지간이 육합하여 청기(水木)가 사
주 상에서 상합하고 지간이 좌우에서 명주(年柱)를 향하는 자는 곧 지극
한 품계의 귀인이다.]

李虛中命書　卷下

第一篇 衰旺取時 쇠왕에 따라 때를 취한다

論一方之氣
한 방향의 기를 논함

論一方之氣엔 不可過角이니 進角爲孤요 退角爲寡라

사주가 한 방향의 기를 논할 때에는 그 방각(方角)을 벗어나서는 안 되니, 방각을 지나가면 고신(孤神)이 되고, 방각보다 후퇴하면 과수(寡宿)가 된다.

[一方之氣, 則四象各主於一時之偶也, 如寅卯辰則巳孤丑寡.]
[일방의 기는 사상(水火木金)이 각각 한 때의 기를 주관하는 것이니, 예컨대 寅卯辰 木기는 巳가 고신이고 丑이 과수이다.]

既旺不過一方之氣엔 却言衰者成功也니라

이미 왕성하여 일방의 기를 벗어나지 않았으면 곧 쇠약
해진 경우에도 이미 공을 이루고 물러난 것이라고 말할 수
있다.

[木水亥106) 衰於辰, 是木出東方春位而衰, 此本末衰旺, 功成身
退, 子結花落也.]

[木이 亥에서 생하고 辰에서 쇠하므로 이것은 木이 동방춘위를 벗어
나면 쇠하는 것이니, 이것은 본과 말의 쇠왕을 말한 것이며 공이 이루
어진 뒤에 몸이 물러나고 열매가 맺힌 뒤에 꽃이 떨어지는 상황이다.]

華過衰而實成하니 是窮則變通之象이니 始生於沐浴
하여 爲風水陶化之因하며 冠帶則材器可任이오 臨官則
鬼害之難이며

꽃피는 시절이 지나면 쇠락하여 열매가 이루어지는데 이
러한 것은 만물이 궁하면 변하고 변하면 통하는 상이니, 비
로소 生(장생)의 기가 목욕(沐浴)에서 생하여 풍수(바람과 물)
가 상생감화(相生感化)하는 원인이 되며, 관대(冠帶)는 재주와
기량이 임용(任用)될 만한 것이고 임관(臨官)은 칠살의 극해
를 두려워하지 않으며,

---

106) 木生亥의 잘못인 듯함.

[物主臨官, 則氣血堅壯, 可受制敵, 不畏其鬼.]

[만물이 임관(臨官)을 위주로 하면 기혈이 강왕하므로 극제하는 적을 당할 수 있어서 그 귀살(鬼煞)을 두려워하지 않는다.]

旺則剛介自處요 衰則去華立實이며 病者孤也며

제왕(帝旺)은 강직한 절개로 자처하는 것이고, 쇠(衰)는 꽃이 진 뒤에 열매 맺는 것이며, 병(病)은 고신(孤神)이며,

[病者形勢孤弱, 如木病巳則寅辰之孤也.]

[병이 있으면 형세가 외롭고 약하니 예컨대 木의 병은 巳에 있으니 이것은 곧 寅卯辰의 고신의 자리이다.]

死兮無物이요 墓藏爲造化之終이며 絶煞有鼎新之氣니 氣盡後成胞胎凝結하여 始分形狀이니라

사(死)는 만물이 없어지는 것이고, 묘(墓)에 저장되면 오행 조화의 종료가 되며, 절(絶)은 살기(煞氣)로 낡은 것을 개혁하여 새롭게 하는 기운이 있으니, 오행의 기가 다한 뒤에 포태(胞胎)를 형성하고 뭉치고 굳어져서 비로소 오행의 형상을 분출하게 되는 것이다.

[此長生之氣. 言五行至絶, 受氣而成形十二支位之理, 乃代謝自然.]

[이것은 장생(長生)의 기이니 오행이 절(絶)에 이른 뒤에 기를 받아 십이지지의 자리를 형성하는 이치를 말한 것이니, 곧 새것과 낡은 것이 번갈아 드는 자연의 법칙이다.]

夫物出自然
만물의 출생은 자연스럽다

夫物出自然이나 端倪莫測하니 直須仔細探賾이니 消息龜數라

무릇 만물의 출생은 자연스러우나 시작과 종말은 헤아릴 수 없으므로 다만 반드시 자세하게 깊은 뜻을 탐구해야 하니 만물의 영고성쇠가 시귀(蓍龜)의 운수에 달려 있다.

[五行之造化, 萬物之盈虧, 以盡蓍龜之數.]
[오행의 조화와 만물의 번성과 쇠패는 그것으로 시초점(蓍)과 거북점(龜)의 운수를 다하는 것이다.]

衰病之所에 有鬼則止요 無鬼則停이라

오행이 쇠병(衰病)의 자리에 이르렀을 때 鬼가 있으면 정지되고 鬼가 없으면 정체된다.

[止則窮已, 停則流滯, 如丙至壬戌壬申則絶, 至庚申乙亥則流滯而不通.]

[지(止)는 다하여 멈추는 것이고, 정(停)은 흐름이 막히는 것이니, 예컨대 丙이 壬戌이나 壬申에 이르면 절처(絶處)가 되고 庚申이나 乙亥에 이르면 흐름이 막혀서 통하지 않는다.]

水性本寒하고　火體本熱하니　極寒則丑寅以爲期하고大暑則未申而自定하나니　極也反也는　五行之常體요　生也殞也는　萬物之自然이라

水의 성질은 본래 차고 火의 체성은 본래 뜨거우니, 지극한 한기(寒氣)는 丑에서 寅으로 넘어가는 것을 기한으로 삼고, 지극한 서기(暑氣)는 未에서 申으로 넘어갈 때에 저절로 안정되니, 극에 달하면 되돌아가는 것은 오행의 일정한 법칙이며, 태어나고 죽는 것은 만물의 자연스러운 법칙이다.

[五行各有正性, 在人所稟有吉凶, 發覺未萌, 須在期程之所極可定. 賦云, 三冬暑少九陽多, 亦以正氣爲憑也. 五行之運, 陰陽相推, 亦有不應和者, 亦極相反, 是謂死兮生之本, 生兮死之源.]

[오행에는 각각 일정한 본성이 있고 사람에게 있어서는 타고난 바에 길흉이 있으니 드러나는 것이 싹트기 전에 반드시 약정된 정도의 지극한 바에서 정해질 수 있는 것인데, 부(賦)에 삼동(三冬, 亥子丑월)에는 더위가 적고 구하(九夏, 여름철 90일)에는 더위가 많으니, 또한 바른 기운을 근거로 삼아야 한다고 했다. 오행의 운행은 음과 양이 소장(消長)하면서 서로 미루고 변화하는 것인데, 또한 서로 상응·조화하지 못하는 것도 있고, 또는 극에 달하면 서로 되돌아가는 것도 있으니, 이것을 죽음이란 태어남의 근본이고, 태어남은 죽음의 근원이라고 하는 것이다.]

歲隱其神하니 神成而歲死하며

세(母천간)는 그의 신(子지지)을 숨기고 있으니, 신이 이루어지면 세가 죽으며,

[歲木也神火也, 火盛則木死, 勢不兩立, 因恩而生害.]

[세가 木이고 신은 火인 경우에 火가 성하면 木이 사하여 형세가 나란히 함께 성립하지 못하는 것이니, 사사로운 은혜로 인하여 해로움을 낳기 때문이다.]

智從義出하니 智盛則義藏하며

지(水)는 의(金)로부터 나오니 지가 성하면 의가 감추며,

[智水也, 義金也, 金生水, 水盛金藏, 未嘗不失於義也.]

[지는 水이고 의는 金인데, 金은 水를 생하므로 水가 성하면 金이 감추는 것은 의를 잃지 않을 수 없기 때문이다.]

信從四事하니 物物皆歸니라

신(土)은 네 방위(辰戌丑未)를 따르니, 만물이 모여 여기(土)에 모이는 것이다.

[鍾於土是也, 辰爲木之土, 戌爲金之土, 未爲火之土, 丑爲水之土.]

[土에 모이는 것이 이것이니, 辰은 木에 속한 土이고, 戌은 金에 속한 土이며, 未는 火에 속한 土이고, 丑은 水에 속한 土이다.]

鬼財相會면 則凶中得吉이라

납음의 관귀와 재가 서로 만나면 흉 중에 길을 얻게 된다.

[如庚申得癸卯, 是庚申月乙卯107) 有合會德之財, 癸卯爲木之鬼.]

[예컨대 庚申이 癸卯를 만나는 경우에는 庚申월과 癸卯 사이에는 덕과 회합하는 재가 있고, 癸卯는 庚申의 鬼이다.]

---

107) 乙卯는 癸卯가 되어야 함.

觀刑逢妻

형충을 관찰하여 처궁을 점친다

觀刑逢妻나 生旺不取요 生月爲父요 胎月爲母요 身剋
爲妻요 妻生爲子요 時生是妻子之數니 成敗自然이라

형충을 관찰하여 처궁을 점치되 처궁이 생왕할 때에는
이 형충의 논리를 취하지 않으며, 생월은 父이고, 태월은 母
이며, 身(납음)이 극하는 것이 처이고, 처가 생하는 것이 자
식이며, 시가 생하는 것이 처자의 수이니, 성패에 따라 자연
스럽게 드러난다.

[以火剋金爲父, 則以生月定之, 然後看日時承受, 胎月有無刑害.
身剋爲妻, 以日論之, 妻生爲子, 以時推之, 乃看生旺刑制五行之定
數也.]

[火로써 金을 극하면 金이 父가 되니 곧 생월(生月)로 그것을 정하며
그런 뒤에 日과 時의 이어받음과 태월(胎月)의 형해(刑害) 유무를 본다.
身이 극하는 것이 妻가 되니 日로써 그것을 논하며, 妻가 생하는 것이
子이니 生時로써 그것을 추리하니 곧 생왕형극하는 오행에 따라 정해지
는 수를 보는 것이다.]

胎氣同往하면 當有異母하며 月干相逢하면 須依二父라

수태(月支)의 기가 일시(日時)와 똑같이 나아가면 마땅히 계모가 있으며, 월간(月干)과 연간(年干)이 서로 같으면 반드시 두 아버지에게 의지하게 된다.

[受胎正在受氣之地, 而與日時支干同者, 當食二母之乳. 月干與年干相連, 而同在父母生地, 當相交, 或立身於二事而成也.]

[수태(월지)가 바로 기를 받는 자리에 있고 일시의 간지와 서로 같은 경우에는 마땅히 두 어머니의 젖을 먹으며, 월간과 연간이 서로 이어져서 똑같이 부모의 생지에 있으면 곧 서로 뒤섞인 것이니 혹 두 주인을 섬기는 데에서 입신하여 성공하게 된다.]

子息則先明生氣하며 或用尅以推之라

자식을 볼 때에는 먼저 장생의 기를 밝혀야 하며, 혹은 일주를 극하는 관살로써 그것을 추리하기도 한다.

[如丁巳土以木爲子孫, 建至亥上得辛, 若四柱見丁在無氣, 更有刑害者, 必少子孫也.]

[가령 丁巳土는 木을 자손으로 삼는데, 월건이 亥에 이르고 위로 辛을 만나거나 또는 사주에 丁을 만났는데 무기(無氣)에 있고 다시 형극이 있는 경우에는 반드시 자손이 적다.]

自生自旺이면 更看運元胎月이요

사주 자체가 생왕하면 다시 운원(대운의 간지)과 태월을
보아야 하며,

[如生納音在月旺處, 更不論刑害子孫之地. 如胎月在有氣處於生
時之上, 亦不絶子也.]

[예컨대 生月의 납음이 왕한 경우에는 다시 자손의 자리를 형극함을
논하지 않으며, 또 태월에 생기가 있고 生時 상에 생기가 있어도 자손이
끊어지지 않는다.]

祿馬不閑이면 子孫未必絶滅이라

녹마가 한가하지 않으면 자손이 반드시 멸절하지는 않는다.

[若人生時見祿馬往來朝命, 不犯孤寡, 亦有子孫.]

[만약 사람이 생시에 녹마가 왕래하며 命(年)을 향함을 만나고, 고신·
과수를 범하지 않으면 또한 자손이 있다.]

陰陽和會하여 交友結心하며 同氣連枝하면 同名定數라

음양이 화합하여 서로 사귀고 마음을 맺으며 기운을 함
께 하고 가지를 이으면 명분을 함께 하여 운수를 정하게 된다.

[五行須和順者, 四海之人亦心於交友相結, 況同胞兄弟, 豈不得力? 但五行中, 以此爲兄弟而無災位也.]

[사주의 오행은 화순함을 필요로 하니 사해안의 사람들끼리도 교우에 마음을 두어 서로 교분을 맺는데 하물며 같은 어머니에게서 태어난 형제들끼리 어찌 힘을 얻지 않겠는가? 다만 오행 중에 이러한 것을 형제로 삼아야 재앙의 자리가 없게 된다.]

或有偶然同産하여　一母以生이라도　須分深淺之時하고 復看五音向背니라

혹 우연히 동일하게 생산되어 한 어미로부터 태어난 바가 있더라도 반드시 깊고 얕은 때를 분별해야 하고, 다시 오음(오행)의 향배(생극)를 보아야 한다.

[凡一時有八刻二十分, 故有淺深前后吉凶不同, 其有以生須分深淺, 異姓則論五音向背.]

[무릇 하나의 時에 팔각이십분108)이 있으므로 시의 얕고 깊음과 전후에 따라 길흉의 같지 않음이 있으니 그 동일한 時에 태어난 바가 있더라도 반드시 시의 깊고 얕음을 분별해야 하고, 한 어미 소생인데 성씨가 다른 경우에는 오음(오행)의 향배(생극)를 논해야 한다.]

本音生旺하면　須至福勝於休囚하며　時日初終하니　更

---

108) 一刻은 一日의 100분의 1. 현재 시간으로 15분에 해당.

看先後之凶吉이니라

　본음(납음)이 생왕하면 반드시 복에 이름이 휴수되는 때
보다 뛰어나며 시와 일에는 초(初)와 종(終)이 있으니 다시
선후에 따른 길흉을 보아야 한다.

　[異姓同時, 音得旺相者, 福祿深厚, 言同時則看先後吉凶.]
　[이성(異姓)이 동시에 태어난 경우에 납음이 왕상을 이루면 복록이 깊
고 두터운 것이니, 때가 같으면 선후의 길흉을 보아야 함을 말하는 것
이다.]

歲月各計於氣交
연월은 각각 절기가 바뀌는 것으로 계산한다

歲月各計於氣交요 胎月定推於干數라

　연월은 각각 절기가 바뀌는 것으로 계산하며 태월(입태
월)은 반드시 천간의 수로 추산한다.

　[有年未交而氣先交者, 氣已交而月未建者, 須以交氣爲定人之生

也. 稟五行四時之氣爲性命, 且年歲乃辰煞而已, 其餘建月不足月,
俱以十月爲胎, 以同天干之數.]

[연이 아직 바뀌지 않았는데 절기가 먼저 바뀌는 경우와 절기가 이미
바뀌었는데 월이 아직 세워지지 않은 경우에는 반드시 바뀐 절기를 사
람의 출생을 결정하는 것으로 삼는다. 오행과 사시의 기를 받은 것이
곧 사람의 천성과 천명이고, 다만 연세(해)는 곧 때가 마무리되는 것일
뿐이며, 그 밖에 건립된 달이든, 건립되지 못한 달이든, 모두 십 개월을
잉태 기간으로 삼으니 천간의 수와 같게 하는 것이다.]

是以天奇地耦니 有萬不同하고 陰煞陽生하여 無形自運하니 察衰旺於氣數之中하면 則萬物變論之必應이니라

그러므로 天은 기수(홀)이고 地는 우수(짝)이니 만개가 있
어도 똑같지 않으며, 음은 煞을 주장하고 양은 生을 주장하
여 형체가 없이 저절로 운행되니, 기의 분수 가운데에서 왕
쇠를 살피면 만물 변화의 논리에 반드시 호응할 것이다.

[天地生物不同, 如人質未嘗相肖, 蓋使有造化之別爾. 陽主生,
陰主煞, 乃運於無形之中, 而萬物先後自然應備. 五行衰旺以四時
輪轉, 則萬物從而化育, 至如鷹入水化爲鴝, 蚯蚓結之類, 是也.]

[천지가 만물을 생함이 똑같지 않으니 예컨대 사람의 본질은 서로 닮
지 않음이 없으나 다만 조화의 구별이 있게 할 뿐이며, 양은 生을 주장
하고 음은 煞을 주장하여 마침내 형체가 없는 가운데에서 운행하여 만

물의 선후에 자연스럽게 호응하여 갖추어지며, 오행의 기가 쇠하고 왕하면서 사시에 따라 윤전하면 만물이 이에 따라 화육되는 것이니, 매가 물속에 들어가 먹이를 찾다가 변하여 올빼미가 되자 지렁이들이 결속하는 것과 같은 부류가 이것이다.]

貴賤所成은 刑聚敗極과

귀천(貴賤)이 이루어지는 것은 형(刑)이 모이고 패(敗)가 지극한 경우와,

[甲申得丁巳己卯己巳之類.]
[甲申이 丁巳, 己卯, 己巳 등을 만나는 부류이다.]

四柱不收와

사주가 거두어지지 않는 경우와,

[甲子得丙寅丁巳辛亥壬申之類.]
[甲子가 丙寅, 丁巳, 辛亥, 壬申 등을 만나는 부류이다.]

五行未備와

사주에 오행이 다 갖추어지지 않은 경우와,

[甲子得庚子己卯癸巳之類.]

[甲子가 庚子, 己卯, 癸巳 등을 만나는 부류이다.]

數無取用과

운수에 취하여 쓸 것이 없는 경우와,

[如不合干不衝支, 而上下相異其氣.]

[예컨대 干끼리 합하지도 않고 支끼리 충하지도 않으며, 간지 상하가 그 기를 달리하는 것이다.]

一方前後와

앞뒤에 한 방향으로 이어진 경우와,

[如木命人己丑之類.]

[예컨대 木命人이 己丑을 만나는 것과 같은 부류이다.]

柱多隔角과

사주에 격각이 많은 경우와,

[辛丑得辛卯, 甲子得甲戌.]

[辛丑이 辛卯를 만나고, 甲子가 甲戌을 만나는 부류이다.]

眞者失時와

진(眞)이 때를 잃는 경우와,

[如丙辛合在二月六月, 丁壬合在秋月.]

[예컨대 丙辛상합이 이월(卯)이나 유월(未)에 있고, 丁壬상합이 추월
(金)에 있는 부류이다.]

假者殃尅과

가(假)가 재앙과 극제를 이루는 경우와,

[五行納音本輕, 卻多逢尅制.]

[오행의 납음이 본래 경한데 도리어 극제를 많이 만나는 부류이다.]

主本倒亂과

주와 본이 도치되고 어지러운 경우와,

[火年水日, 更先逢生旺, 繼逢死絶.]

[납음이 火년 水일로 상극인데 다시 먼저 생왕(生旺)을 만나고 이어서
사절(死絶)을 만나는 부류이다.]

父子乖違니라

父(연월)와 子(일시)가 서로 어그러지는 경우이다.

[日尅年, 時尅月, 貧賤之人皆從此出. 人生元命犯以上之格, 皆主貧賤害身, 如此而元命有氣, 卻得富貴者, 必不久而多凶也.]

[日이 年을 극하거나 時가 月을 극하는 경우이니, 빈천한 사람이 모두 이로부터 나오는 것이다. 인생의 원명에 위와 같은 격국을 범함이 있으면 모두 빈천과 해신을 주장하니, 이와 같은 데도 원명에 생기가 있어서 도리어 부귀를 얻은 경우에는 반드시 오래가지 못하고 흉함이 많게 된다.]

祿期本地身命旺相
녹이 제자리를 만나고 지와 납음이 왕상하다

祿期本地身命旺相이요 祿承馬在貴合兩同이며

녹이 제자리를 만나고 支와 납음이 왕상이며, 녹이 이어지고 역마가 있거나 귀인과 합함이 있으면 모두 똑같이 귀한 명이며,

[如甲人生亥卯未地, 或寅卯辰中, 即生旺氣也. 如壬辰得辛亥丙寅己亥, 甲寅得乙未丙子己亥也.]

[가령 甲인이 亥卯未나 寅卯辰 중에 태어나면 생왕한 기가 있으며, 또 壬辰이 辛亥, 丙寅, 己亥를 만나거나 甲寅이 乙未, 丙子, 己亥 등을 만나는 경우이다.]

眞體守位하고

참된 본체가 자리를 지키고,

[如丁人得壬, 而在寅卯辰亥之中, 或見丙辛各在旺地而別旺, 無丁壬也.]

[가령 丁인이 壬을 만나고 寅卯辰亥 중에 있으면 혹 丙辛을 만났을 때 丙과 辛이 각각 왕지에 있으면서 특별히 왕하더라도 丁壬을 어지럽힘이 없다.]

假音得時하며

거짓 음이 때를 만나며,

[如上人生夏季, 或居申子辰中連四季, 皆是.]

[가령 위와 같은 사람이 여름에 태어난 경우에 혹 申子辰 가운데 머물거나 사계에 이어진 것이 모두 이것이다.]

寶義制伐로 四事顯明하며

보(寶), 의(義), 제(制), 벌(伐)의 네 가지 일이 밝게 드러나며,

[尊生卑曰寶, 卑生尊曰義, 上尅下曰制, 下賊上曰伐. 以此四者, 胎月日時上下相生相尅是也.]

[존(천간)이 비(지지)를 생하는 것을 보(寶)라 하고, 비가 존을 생하는 것을 의(義)라 하고, 천간이 지지를 극하는 것을 제(制)라 하고, 지지가 천간을 극하는 것을 벌(伐)이라 하니, 이 네 가지로써 태월일시의 상하 간에 상생하거나 상극하는 것이 이것이다.]

五行不雜하고 九命相養하며

오행이 섞이지 않고, 구명이 서로 길러지며,

[謂三元各處一方, 帶本近祿而和, 及三元各居生旺庫, 而納音支干相生育也.]

[삼원이 각각 한 방향에 있어서 근본을 지니고 녹을 가까이하여 서로 화합하고, 삼원이 각각 생·왕·고지에 머물며, 납음과 간지가 상생으로 길러지는 것을 말한다.]

木官不重하고

木의 관살이 중첩되지 않고,

[木須要金而木通用, 甲重而無金者, 須得支有.]

[木은 반드시 金을 만나야 木이 통달하여 쓰이는 것이니, 甲木이 중첩되고 金이 없는 경우에는 반드시 지지에 金이 있음을 만나야 한다.]

金鬼無偏이니라

金의 관살이 치우침이 없어야 한다.

[金須要火而金相當, 或須重而合, 會於丙.]

[金은 반드시 火를 만나야 金이 서로 합당하게 되는 것인데 혹 金이 거듭 서로 합하여 丙과 만나기도 한다.]

用刑者有時하며

형극을 쓰는 것이 때에 알맞음이 있으며,

[如寅刑巳, 而生在春, 制尅有用.]

[예컨대 寅이 巳와 형이 되는 경우에 봄에 태어나면 극제에 쓸모가 있는 것이다.]

守刑者不亂하며

형극을 지키는 것이 혼란하지 않으며,

[如癸巳刑戊申, 而無丁干者是.]

[예컨대 癸巳가 戊申과 형이 되는 경우에, 천간에 丁火가 없는 경우가 이것이다.]

明官德合하며

천간의 정관이 덕합을 이루며,

[如丁亥得壬辰壬戌壬寅, 又己卯得甲戌甲寅.]

[예컨대 丁亥가 壬辰, 壬戌, 壬寅을 만나며 또 己卯가 甲戌, 甲寅을 만나는 경우이다.]

暗逢支祿하며

지지의 녹을 만나며,

[甲人得丑未亥之類.]

[甲인이 丑·未·亥를 만나는 부류이다.]

支純干一하고 有貴來朝하며

사주의 支와 干이 섞임이 없이 순수하고, 귀신(貴神)이 내조하며,

[本命四柱支干純一, 或四柱干目純, 帶貴神來朝本命, 或四柱併在一支上見貴神.]

[본명 사주의 支와 干이 섞임이 없이 순수하거나 혹은 사주 천간이 똑같고 貴神을 대동하여 본명을 내조하거나 혹은 사주가 모두 하나의 지지상에서 貴神을 만나는 것이다.]

主旺本成會於一方하며

일주가 왕하고 연주가 이루어져서 한 방향에 모이며,

[庚子土得庚辰日癸未時丙戌月丁丑胎之類, 雖沖破卻會在本氣之方, 更有祿馬尤吉.]

[庚子土가 庚辰日, 癸未時, 丙戌月, 丁丑胎 등을 만나는 부류이니, 비록 충파(辰戌丑未)가 있더라도 도리어 모두 본기(土)상에 있으며, 다시 또 녹마가 있어서 더욱 길하다.]

金逢五事하고 順得三奇하나니

오사(財·官·印·祿·馬)를 아름답게 만나고, 삼기(甲戊庚·乙丙丁)를 순서대로 만나는 것이니,

[金木水火土金109)而三元有旺氣, 得生尅相順尤嘉也. 辛酉生人,

---

109) 金은 오자일 것임.

得甲午月戊寅日庚申時者, 是三奇之順得也.]

[金木水火土 등 각각 오행이 삼원에 왕기가 있으며, 생과 극을 만남이
서로 순조로우면 더욱 아름다우며, 가령 辛酉生인이 甲午월 戊寅일 庚申
시를 만나는 경우가 삼기를 순으로 만나는 것이다.]

富貴之人은 皆能應此니라

부귀한 사람은 모두 여기에 해당할 수 있다.

[人生元命支干四柱, 應以上諸格者, 主富貴, 縱無氣, 亦主聞名
挺特出群.]

[사람이 태어난 원명의 지간 사주가 이상의 여러 격에 상응하는 경우
에는 부귀를 주장하는 것이니, 비록 기세가 없더라도 대체로 이름이 알
려지고 특출하게 빼어나게 되는 것이다.]

五行各有奇儀

오행에는 각각 삼기의 형태가 있다

五行各有奇儀니 須分逆順이라

오행에는 각각 삼기의 형태가 있으므로 반드시 역과 순을 분별해야 하는데,

[若三奇各帶合, 須前後五辰合爲上, 更分順逆之用.]

[만약 甲戊庚 삼기가 각각 상합을 지니면 반드시 전후 오진(五支)의 합을 으뜸으로 삼는데, 다시 순역의 작용을 분별해야 한다.]

甲戊庚은 金奇니 喜辰戌丑未或金方이요 乙丙丁은 火奇니 喜寅午戌或酉方이요 丙辛癸는 水奇니 喜亥子丑申辰方이요 丁壬甲은 木奇니 喜寅卯辰亥方이요 甲己丙은 土奇니 喜四季及寅亥午申方이요 歲胎月日時者順이요 時日月胎歲者逆이니라

甲戊庚은 金의 삼기이니 辰戌丑未방이나 金방을 좋아하며, 乙丙丁은 火의 삼기이니 寅午戌이나 酉방을 좋아하며, 丙辛癸는 水의 삼기이니 亥子丑·申辰방을 좋아하며, 丁壬甲은 木

의 삼기이니 寅卯辰·亥방을 좋아하며, 甲己丙은 土의 삼기이니 사계(辰戌丑未)방과 寅亥午申방을 좋아하며, 세·태·월·일·시 순으로 배치된 것은 순이고, 시·일·월·태·세 순으로 배열된 것은 역이다.

[三奇亦要合而貴, 五位得逆順三奇皆吉, 惟嫌不連順.]

[삼기도 반드시 상합이 있어야 귀하며, 세·태·월·일·시 오위가 역순의 삼기를 만나면 모두 길하나 다만 순으로 연결되지 않은 것을 싫어한다.]

胎本立於歲前하니 因歲得之胎月이라 故立胎在歲後月前이며 空刑敗害와 日時倒亂에도 却得順奇하면 不爲倒也니라

태월은 본래 생년 전에 성립되는데 생년을 근거로 그 태월을 얻는 것이므로, 입태가 생년의 뒤, 생월의 앞에 있게 되는 것이며, 삼기가 공망·형·패·해를 만나거나 일과 시가 도란(倒亂)되는 경우에도 오히려 순의 삼기가 있으면 도란이 되지 않는다.

[三刑八敗六害空亡相生相絶倒亂者, 却得三奇順在本方, 亦主富貴.]

[삼형·팔패·육해·공망 등이 상생·상절하여 서로 충극 도란하는 경우에도 도리어 삼기가 순으로 배열되어 본방위에 있음을 만나면 또한 부귀를 주장한다.]

日時無方하면 東里多迍하고 根鮮枝榮하면 西門寡祿하며 根固時雄하면 花實無忒하나니

일과 시가 나란히 화합함이 없으면 자식궁에 막힘이 많고, 뿌리는 적고 가지가 번영하면 처궁에 녹이 적으며, 뿌리가 튼튼하여 때마다 번영하면 꽃과 열매가 어그러짐이 없는 것이니,

[日時之力不輔三元, 或耗或剋, 主災多, 行年根苗花實, 乃胎月日時, 相順爲貴, 若五行更到旺方, 即爲長遠.]

[일과 시의 힘이 삼원을 돕지 않고 혹 모손하거나 혹 상극하면 대체로 재앙이 많고, 행년의 근묘화실은 곧 태월일시이니 서로 거스르지 않고 순하게 배치되어야 귀하며, 만약 오행이 다시 왕방에 이르면 귀함이 오래간다.]

應得位者는 支干各有所刑이니 官或無氣也면 上下須依乎父母니라

사주가 알맞게 자리를 얻은 경우에는 지간에 각각 형극

하는 바가 있어야 하니, 관살이 혹 기세가 없으면 상하가
반드시 부모에게 의지해야 한다.

[入前格而貴者, 支干中須有衝刑之官, 如無官須以德運爲淸也,
當死絶處須要逢父母, 故子晋云, 賴五行之救助.]

[앞의 격식에 들어맞아 귀하게 되는 경우에는 지간 중에 반드시 충형
하는 관살이 있어야 하니, 만약 관살이 없으면 반드시 덕운(德運)을 길
하게 여겨야 하며, 사절처(死絶處)를 당하면 반드시 부모의 도움을 만나
야 하니, 그러므로 자진이 '오행의 구조에 의지한다'라고 한 것이다.]

四柱主本에 祿馬往來하면 須分建破하며 天乙扶持하
고 將德侍衛하면 更辨尊卑니라

사주의 주(日)와 본(年)에 녹과 마가 왕래하면 반드시 건립
과 파괴를 분별해야 하며, 천을귀인이 부조하고 장성·천덕
이 옆에서 호위하면 다시 존(干)과 비(支)를 분별해야 한다.

[謂當用處有建不可破, 已破卻不可建, 吉神在四柱中, 各在四時
用干爲貴.]

[녹과 마를 써야 할 곳에 건립됨이 있으면 파괴되어서는 안 되고, 이
미 파괴되었으면 도리어 건립해서는 안 되며, 길신이 사주 중에 있으면
각각 사시(사계)에 맞는 干이 있는 것을 귀하게 여김을 말하는 것이다.]

眞合爲緊이요

진합이 가장 긴밀하고,

[子巳卯申之合爲眞.]

[子와 巳, 卯와 申의 합110)이 가장 참되다.]

德合不淸하며

덕합은 귀기(貴氣)가 청수하지 않으며,

[甲子己丑丙戌辛卯連順而貴, 尙不如壬子癸丑.]

[甲子·己丑, 丙戌·辛卯가 차례로 이어지고 귀인이 있으면 오히려 壬子·癸丑의 길함만 못하다.]

連珠未顯이요

干이나 支가 구슬을 꿴 것 같아도 현달하지 못하고,

[連珠支干前後顚倒, 皆不爲顯.]

[구슬을 꿴 것 같은 支와 干의 앞뒤가 거꾸로 연결되면 모두 현달하지 못한다.]

---

110) 癸와 戊, 乙과 庚의 합.

空合何榮이리오

헛되이 합하면 어찌 번영하겠는가.

[四柱相合, 不扶六馬本命即爲不貴.]

[사주가 서로 합하여 육마와 본명을 돕지 않으면 귀하지 않다.]

支連干會하면 連珠眞同鳳凰藪하며 刑全貴全하면 天赦祿食麒麟窟이니라

지지도 연결되고 천간도 연결되면 구슬을 꿴 듯한 것이 진실로 봉황이 모인 것 같아야 하며, 刑도 온전하고 貴도 온전하면 천사록111)을 기린굴에서 먹는다.

[甲子乙丑丙寅連順而貴, 尙不如壬子癸丑甲寅乙卯爲鳳凰藪, 其貴淸異. 人生二刑更晝夜貴神全, 皆主文章淸秀之貴.]

[甲子·乙丑·丙寅처럼 차례로 이어지면 귀한데 오히려 壬子·癸丑·甲寅·乙卯처럼 봉황의 모임이 되어 그 귀함이 맑고 빼어난 것만 못하며, 인생에 두 刑이 있으면서 또 주야의 귀신(貴神)112)이 온전히 갖추어지면, 모두 문장이 청아하고 빼어난 貴를 주장한다.]

---

111) 천사록은 하늘이 내리는 녹으로, 천사록을 기린굴에서 먹는다는 것은 경사를 누린다는 뜻임.

112) 晝(낮)귀인 천을귀인과 夜(밤)귀인 옥당귀인을 말함.

卯酉自分承不承이요 魁罡言之會不會며

卯酉충은 진실로 다른 충과 이어지고 이어지지 않음을 분
별해야 하고, 괴강은 다른 지지와 회합하고 회합하지 않음
을 말해야 하며,

[乙酉得辛卯, 辛酉得癸卯, 而有辰戌, 言支干相承用. 魁罡辰戌
也, 辰戌相衝, 須有寅亥申支, 乃爲相會, 不相會爲凶.]

[乙酉가 辛卯를 만나거나 辛酉가 癸卯를 만나고 또 辰戌충이 있는 경
우이니, 支와 干이 서로 이어져 쓰임을 말한 것이며, 괴강은 辰과 戌이
니, 辰戌이 상충하는 경우에는 반드시 寅亥申지지가 사주에 있어야만 서
로 회합을 이루게 되며, 서로 회합하지 않으면 흉하다.]

罡中旺乙이요 魁裏伏辛이며 貴神得癸요 小吉隱丁이라

강(罡, 辰)중에는 왕성한 乙이 있고 괴(魁, 戌)속에는 잠복
한 辛이 있으며, 귀신(貴神)은 癸(丑)를 만나는 것이고 소길
(小吉)은 丁(未)에 숨어 있다.

[辰中是乙, 戌中是辛, 乙丑爲貴神, 丑中有癸, 未中是丁.]

[辰 중에 乙이 있고, 戌 중에 辛이 있으며, 乙丑은 곧 貴神이니 丑 중에
는 癸가 있고 未 중에는 丁이 있다.]

有陰而無陽이면 乃四方之貢土라

사주에 음만 있고 양이 없으면 사방에서 土를 제공해야
한다.

[言癸乙丁辛皆陰干, 四位中貢成其物之土.]

[癸·乙·丁·辛 등은 다 음간이니 네 방위(水木火金) 가운데에서 그
일을 이루어주는 土(辰戌丑未)를 제공해야 함을 말한 것이다.]

陽守正於魁罡이요 陰有用於丑未니 金在火鄕貴而遷
이요 逐財則孤勞라

양간(甲丙戊庚壬)은 괴강(辰戌)을 바른 것으로 지키고, 음
간은 丑未를 쓸모 있는 것으로 여기는데, 金이 火향에 있으
면 귀함이 옮겨 가고, 金이 財를 쫓으면 외롭고 고달프다.

[戊同辰戌, 己同丑未, 金命在火鄕, 貴人多黜貴, 財人則孤勞.]

[戊는 辰戌과 같고 己는 丑未와 같으며, 金명이 火향에 있으면 귀한 사
람은 귀한 자리에서 축출되는 일이 많고, 재물을 좋아하는 사람은 외롭
고 고달프다.]

體重爲從革日新이요 本輕則災殃短折이라

(金이) 본체가 중하면 종혁하여 날로 새로워지고, 본체가

가벼우면 재앙을 만나 단명·요절한다.

[金以火爲官, 若體重者爲火位中生, 亦可成器. 若金本輕而生於
火鄕, 更遇之多必短夭刑折.]

[金은 火를 官으로 삼으니 만약 본체가 중한 경우에는 火자리 가운데
생하더라도 그릇을 이룰 수 있으며, 만약 金이 본체가 경하면서 火향에
생하고 다시 또 火를 만남이 많으면 반드시 단명하고 형벌을 받는다.]

須詳生剋之愛憎하니 擧一隅而辨衆이라

모름지기 생극과 애증을 자세히 살펴야 하니 한 귀퉁이
를 들어서 많은 것을 분별할 수 있기 때문이다.

[如金在火鄕, 各以其義辨生剋愛憎, 而言吉凶. 如水木火土, 各
以金之義而推之, 故一隅足以辨衆.]

[가령 金이 火향에 있을 때에는 각각 그 뜻으로 생극과 애증을 분별
하여 길흉을 말하며, 또 水木火土의 경우에도 각각 金과 같은 뜻으로 그
것을 추측하는 것이니 그러므로 한 귀퉁이를 들어서 많은 것을 분별할
수 있는 것이다.]

支干論配合之情하고 力氣取四時之義하며

지간으로 배합의 실정을 논하고 역기(力氣)로 사시(四時)

의 의리를 취하며,

[五行生在三合中, 各以生尅物化人倫之義, 以辨吉凶. 更看四時中所得力氣, 及支干配合眞假, 以定吉凶.]

[오행이 삼합 중에서 생기면 각각 생극(生尅), 물화(物化), 인륜(人倫)의 뜻으로써 길흉을 분별하며 또 사시(四時) 중에 얻은 힘과 기운 및 지간 배합의 진가(眞假)를 보아서 길흉을 정한다.]

仍分尊卑上下와 筋脈交連과 神煞吉凶하여 以分高下니라

이어서 간지 상하의 관계와 근맥의 서로 이어짐과 신살의 길흉을 분별하여 번영과 쇠퇴의 고하(高下)를 분별한다.

[此重言者, 欲人不忽於消息, 言更看上下先後尊卑, 見不見抽不抽之筋脈情理, 乃神煞吉凶而定榮謝也.]

[여기서 거듭 말한 까닭은 사람들이 사주간지의 상호관계의 분석에 대하여 소홀히 하지 않기를 바라기 때문이니, 다시 또 간지 상하의 선후(先後) · 존비(尊卑)와 보이고 보이지 않으며 표현되고 표현되지 않은 맥락의 형세와 신살의 길흉을 보아서 번영과 쇠퇴를 정해야 함을 말한 것이다.]

至若貴神當位諸煞伏藏

귀신이 제자리에 있는 경우에는 모든 살이 엎드려 숨는다

至若貴神當位엔 諸煞伏藏이요 三元旺相엔 豈專神煞이리오

귀신(貴神)이 제자리에 있는 경우에는 모든 살(煞)이 엎드려 숨으며, 삼원(三元)이 왕상(旺相)의 자리에 있으면 어찌 신살을 논하겠는가.

[言天乙貴人論於干, 看五行四時之氣, 及晝夜之干而定, 若有氣天乙當位, 則煞自藏矣. 五行三元爲本, 若在旺相之地, 不背剋生氣, 不論神煞也.]

[천을귀인을 천간에서 논할 때에는 오행과 사시의 기 및 주야 시간의 천간을 보아서 정해야 하니, 만약 왕기가 있고 천을귀인이 자리를 만났으면 살이 저절로 감추어 나타나지 못할 것이며, 오행은 삼원을 근본으로 삼으니 만약 왕상의 자리에 있고 생기를 배극하지 않으면 신살을 논하지 않음을 말한 것이다.]

或遇七元에 刑剋敗害元亡衝破요 在上無可救者면 爲頭目之疾하며

만일 칠원(七元)[113]에 삼형(刑), 겁살(刼), 팔패(敗), 육해(害), 원진(元), 망신(亡), 충(衝), 파(破) 등 흉신이 있음을 만나는 경우에, 흉신이 천간에 있을 때 구제할 만한 것이 없으면 머리와 눈의 질병이 있으며,

[七元干鬼者, 對命是也. 三刑劫煞八敗六害元亡衝破者, 犯眞祿之位, 見干鬼及三兩位并犯胎命之建, 更地位無救, 主頭目疾.]

[칠원은 간귀(干鬼)라고도 하니 命(연간)을 대칭하여 말한 것인데, 삼형, 겁살, 팔패, 육해, 원진, 망신, 충, 파 등이 진록(眞祿)의 자리를 극범(尅犯)하는 것이니, 간귀 또는 삼양위(두세 천간의 자리)가 함께 태명(연간)의 건립을 범할 때에 다시 그 자리에 구제할 만한 것이 없으면 주로 머리와 눈의 질병이 있다.]

在下無可救者면 爲手足之厄하니

흉신이 지지에 있을 때 구제할 만한 것이 없으면 수족의 병액이 있으니,

[只犯納音支者, 乃手足股肱之病.]

[다만 납음과 지지에 형극을 범하면 수족과 고굉(둔부)의 질병이 있다.]

---

113) 사주 중 年干을 제외한 三干과 四支.

父母子孫奚能免害리오 生時既用行運亦然하며

(이러한 형극충해가 있는 명격은) 부모와 자손이 어찌 재해를 면할 수 있겠는가? 생시(生時)에 이미 작용했으면 행운(行運)도 역시 그러한 것이며,

[如此之人亦須妨害六親, 以三元尊卑而言也. 又言巳土[114]七煞之凶, 不惟生時用於上下之災, 行運太歲亦當與日時通論.]

[이와 같이 형극충해가 있는 사람은 또한 반드시 육친을 방해하니 삼원의 존비로써 말한 것이다. 또 이상의 칠살의 흉함을 말한 것은 생시에만 상하간지의 재해에 작용을 받을 뿐 아니라 행운과 태세도 역시 일시와 똑같이 논해야 한다.]

木火則奔速하고 土金水乃容之니라

그 중에 명격이 木火인 경우에는 길흉의 나타남이 빠르고, 土金水인 경우에는 그것을 침착하게 수용하므로 느리게 나타난다.

[所遇上件破害, 當向坐時運中, 更分五行遲速之性, 火木漸上主速, 土金水沉下主遲緩也. 噫, 造化寥廓, 禍福杳微, 或積善而有災殃, 或積惡而多喜慶, 蓋禍福定於生時, 善惡由人, 然而天道福善禍

---

114) 巳土는 己土이 되어야 함.

淫, 故君子修身以俟命.]

　[위와 같은 충극파해를 만나는 경우에는 마땅히 향하여 앉을 때의 운(運) 가운데에서 다시 오행의 더디고 빠른 성질을 분별해야 하니, 火와 木은 점점 위로 올라가므로 빠름을 주장하고 土金水는 아래로 잠기므로 더디고 느림을 주장한다. 아! 천지조화의 이치는 공허하고 넓으며, 화(禍)와 복(福)은 아득하고 미묘하여, 혹은 선행을 쌓아도 재앙이 있고 혹은 악행을 쌓아도 기쁜 일이 많으니, 대체로 화와 복은 생시(生時)에 정해지고 선과 악은 사람에게 달려 있는 것인데, 그러나 천도(天道)는 복도 성대하게 재앙도 성대하게 하는 것이니, 그러므로 군자는 몸을 닦고서 命을 기다리는 것이다.]

三元者大小氣運也
삼원은 대소의 기운이다

三元者는 大小氣運也요 九限者는 三運之榮謝也라 自生得節日爲初하여 陽男陰女順而理하고 陰男陽女逆而推하여 向者數之未來하고 背者用之已往하니 十干分之爲月이요 三日成之一年이며 向背之數는 須得其實이나 未來無日이면 謂當日得節也니 當虛作歲요 背之同推라 行遊四柱면 吉凶自然이니 小運同途나 盛衰理異니라

삼원은 대소의 기운이며 구한은 삼운[115]의 번영과 쇠퇴이다. 출생일로부터 절기를 만나는 날까지를 시초로 하여

---

115) 삼운(三運): 본운(本運), 대운(大運), 소운(小運)

양년생 남자와 음년생 여자는 순으로 처리하고 음남양녀는 역으로 헤아려서, 순으로 헤아리는 경우에는 미래의 일수를 계산하고 역으로 헤아리는 경우에는 이미 지나간 일수를 쓰는 것이니, 대운의 십간(십년)이 분담하는 것이 1월이고, 3일이 대운의 일 년을 이루며, 향과 배로 헤아리는 수는 반드시 그 실제의 수를 얻어야 하지만, 미래에 헤아릴 날짜가 없는 경우에는 출생 당일에 절기를 만남을 말하니, 허수를 만나도 1세가 되며 역으로 헤아리는 경우에도 똑같이 헤아린다.

[運至四柱中, 伏反生尅吉凶自然, 同年小運, 四柱所生有別也.]

[행운(行運)이 사주 중에 이르면 복음·반음·생극 등으로 길흉이 저절로 발생하며, 같은 해의 소운(小運)이 사주에서 발생하는 것과는 구별이 있다.]

伏反之狀으로 災福仍分이요 本主之基로 以辨吉凶之變이라

복음과 반음의 형상으로 인하여 재앙과 복이 나뉘며, 본주(명주)의 기본(왕쇠)으로 인하여 길흉의 변화를 분별한다.

[伏, 守也, 逢合則動. 反, 動也, 逢合則靜. 先分君子小人之主本,

次看運中吉凶變通.]

[복(伏)은 지키는 것이니 서로 만나면 움직이며, 반(反)은 움직이는 것이니 서로 만나면 조용해지므로, 먼저 군자와 소인에 따른 명주의 본분(동정왕쇠)을 분별하고 다음에 운 중에 길흉 변화를 보는 것이다.]

小運天左地右며 陽備於寅이요 陰備於申이라 故男一歲起於寅이요 女一歲起於申이라

소운의 기법은 天은 좌선하고 地는 우선하며, 양은 寅에서 갖추어지고 음은 申에서 갖추어지므로, 남자 일 세 소운은 寅에서 시작하고 여자 일 세 소운은 申에서 시작한다.

[寅爲三陽化主, 申爲三陰肅煞, 故男小運起於寅, 女小運起於申. 假如甲子年, 男起丙寅, 女起壬申之類, 是也.]

[寅은 삼양116) 화육의 주체이고 申은 삼음117)의 숙살이므로, 남자의 소운은 寅에서 시작하고 여자의 소운은 申에서 시작하는 것이니, 가령 甲子생일 경우에는 남자는 丙寅에서 시작하고 여자는 壬申에서 시작하는 것과 같은 부류가 이것이다.]

以建元而論勝負하니 助歲運而依吉凶하며

삼운의 길흉이 같지 않을 때에는 건원(월지)으로 길흉을

---

116) 삼양(三陽): 三春, 봄
117) 삼음(三陰): 三秋, 가을

논하니, 월지가 세운을 도와서 길흉의 근거가 되며,

[小運各以年遁月建五行, 而分生尅勝負, 小運助大運, 太歲相依
輔而爲吉凶也.]

[소운은 각각 해마다 월건(월지) 오행을 대조하여 생극과 길흉을 분
별하는 것이니, 소운이 대운을 돕고 태세와 서로 의지하고 보필하여 길
흉을 이룬다.]

反破刑孤하면 凶中有吉하니 寅申二命은 小運不專이라

반음이 삼형(三刑)이나 고과(孤寡)를 파하면 흉 중에 길함
이 있으니, 寅(남)과 申(여) 두 명은 소운이 전담하지 않는다.

[返吟衝伏吟害, 及孤病之類, 雖是凶運, 其中亦有吉者, 二運生
而小運伏吟反吟, 故不以小運專任太歲之上也.]

[반음의 충(衝)이나 복음의 해(害) 및 고병(孤病)과 같은 것들은 비록
그것이 흉운일지라도 그 중에 또한 길함이 있으니, 이 두 운에 생하면
소운이 복음과 반음을 만나니 그러므로 소운으로 태세를 전담케 하지
않는 것이다.]

一歲一移요 周而復始라

소운은 1세(일 년)에 하나씩 옮겨가며 한 바퀴 돌면 다시
시작한다.

[若一年各有一建而循環也, 不可以氣運取. 男三十而女二十, 陽自戊子, 陰自庚子, 男得丁巳, 女得辛巳, 男順十月至丙寅, 女逆十月至壬申也.]

[가령 일 년에 각각 하나의 월건을 가지고 순환하면 기운의 왕쇠를 취할 수 없으므로 남자는 삼십 세, 여자는 이십 세를 순환하니 양년(陽年)에는 戊子로부터 시작하여 순환하고 음년(陰年)에는 庚子로부터 역행하여, 남자는 삼십 세에 丁巳를 얻고 여자는 이십 세에 辛巳를 얻게 되는데, 남자는 丁巳로부터 십 개월을 순행하여 丙寅에 이르고 여자는 辛巳로부터 십 개월을 역행하여 壬申에 이르는 것이다.]

氣者時也
음양오행의 기는 사시의 기이다

氣者時也니 未有時而氣未定이요 旣有時而氣以完이라 用之納音者는 緣有身而得之氣也니라

음양오행의 氣는 사시(四時)의 氣이니, 시(時)가 있지 않으면 기가 정해지지 않고, 시가 있고 난 뒤에 기가 완전해지므로, 그 납음을 쓰는 까닭은 납음身이 있으므로 인하여 오

행의 기를 얻기 때문이다.

[言氣運, 取生時五行納音之休旺.]

[기의 운용은 생시 납음오행의 왕쇠를 취함을 말한 것이다.]

身者三元之本也요 氣者身之本也며 運旣順而氣逆이
니 運若逆而氣順이면 自生時爲始하여 轉行不已하여
推遷逐歲一宮이니 以大小運分吉凶休祥이요 非命之也
니라

납음身은 삼원의 근본이고 오행의 기는 身의 근본이며,
대소운은 순행하고 오행의 기는 역행하는 것이니, 운이 만
약 역행하고 오행의 기가 순행한다면, 출생시로부터 시작
하여 옮겨 운행하기를 멈추지 않아서 해마다 하나의 궁위
(宮位)를 미루어 옮기는 것이니, 이것은 대소운으로써 길과
흉, 휴와 상을 분별하는 것이지 이것을 命으로 여기는 것이
아니다.

[甲己土運, 乙庚金運, 乃天道起魁罡之運, 主國家運祚之休祥,
非云命之氣運也.]

[예컨대 甲己년이 土운으로 행하고 乙庚년이 金운으로 행하는 것은

곧 천도(天道)가 괴강(辰戌)의 운에서 일어나는 것이니, 국가가 하늘에서 받는 운의 휴(休)와 상(祥)을 주관하는 것이지 개인 운명의 기운을 말한 것이 아니다.]

氣運併絶則厄이니 太歲爲君王이요 大運爲元帥며 氣運如曹使요 小運若使臣이니 帥凶則曹使不能吉이니라

기와 운이 함께 절지(絶地)에 있으면 재앙이 있는 것이니, 태세(유년)는 군왕(君王)이고, 대운(大運)은 원수(元帥)며, 기운(氣運)은 조사(曹使)와 같고, 소운(小運)은 사신(使臣)과 같으므로, 대운인 원수가 흉하면 조사와 사신이 길할 수 없다.

[氣運二眞運祿馬之氣, 併絶則死, 太歲爲百神之主, 大運氣運欲轉輪不絶則主本優游, 大運主生煞之柄, 故曹使不能違理.]

[기와 운인 두 진운(대소운)과 녹마의 기가 함께 절지(絶地)에 있으면 죽게 되니, 태세(유년)는 모든 신살의 주인이므로, 대운과 기운이 바퀴를 굴려 멈추지 않아야만 명주가 유유자적하며, 대운이 생살의 권병(권세)을 주관하므로 조(曹)와 사(使)가 도리를 어길 수 없는 것이다.]

會吉會凶하여 作用定矣라

회합하여 길하게 되기도 하고 흉하게 되기도 하여 작용이 정해진다.

[在三元生旺庫及祿馬旺處, 爲會吉, 居三元沐浴衰病死絕處, 逢
祿馬爲鬼, 無和順者, 爲會凶.]

[회합이 삼원의 생·왕·고 및 녹마의 왕지에 있게 되면 회합이 길하
고, 삼원의 목욕·쇠·병·사·절처에 머물거나 녹마를 만나 관귀가
되어 화순함이 없으면 회합이 흉한 것이다.]

其象大者는 至於死絶하고 小者는 期於災撓라 身須逐
運하고 運須逐身하나니 柱助運而凶反吉이나 柱敗運而
吉復凶이요 時運逢馬면 吉凶馬上이니 一吉呼而百吉會
요 一凶馳而衆凶符니라

그 형상이 크게는 사절(死絶)에 이르고 작게는 재앙을 만
나게 된다. 身(명주)은 반드시 운을 따르고 운은 반드시 身
을 따라야 하는 것이니, 사주가 운을 도우면 흉살이 있더라
도 도리어 길하게 되지만 사주가 운과 상극하면 길신이 있
어도 다시 흉하게 되며, 생시와 운에서 역마를 만나면 길흉
이 마(馬)상에 있게 되니, 하나의 길마(吉馬)가 소리치면 백
가지 길함이 모이고 하나의 흉마(凶馬)가 치달리면 많은 흉
함이 따른다.

[太歲起大運及主本尊者, 則大危或死亡矣. 小者有用, 雖自有福,
若傷慢處亦主災撓. 身運二者, 須左右有符合資助爲吉. 柱爲主, 運

爲客, 客爲主害, 無不凶也. 二運到馬上, 即看馬上之吉凶. 馬主動,
必須細取三元四柱而論, 不可以馬吉, 而不言馬上有凶也.]

[태세의 불길함이 대운이나 명주의 본운으로부터 일어나는 경우에는
크게 위태롭거나 사망하게 되며, 불길함이 작더라도 작용함이 있으면
비록 스스로 복을 지니더라도 곧 형극하는 곳에는 재앙을 주장하는 것
이다. 신(身)과 운(運) 두 가지는 반드시 좌우에 서로 부합하는 오행의
도움이 있으면 길한 것이니, 사주는 주인이고 운은 객이므로 객이 주인
에게 해가 되면 흉하지 않음이 없다. 대소운이 마(馬)상에 이르면 역마
의 길흉을 보아야 하니, 마(馬)는 움직임을 주관하므로 반드시 삼원과
사주를 자세히 취하여 논해야 하며, 마를 가지고 길하다 해서도 안 되
고 마상에 흉함이 있다고 말해서도 안 된다.]

吉若勝凶이면 凶藏吉內요 凶若勝吉이면 吉隱凶中이
니라

길함이 만약 흉함을 이기면 흉함이 길함 안에 숨어 있고,
흉함이 만약 길함을 이기면 길함이 흉 중에 숨어 있다.

[其言吉凶有相反, 如季主云, 使盡吉合則殃也.]

[길흉에는 늘 상반됨이 있음을 말한 것이니, 사마계주가 '길한 합을
다하면 재앙이 된다'고 한 것과 같다.]

運限之道

일정한 한도를 운행하는 도리

運限之道는 有天官限者라

일정한 한도를 운행하는 도리에는 천관한(天官限[118])이 있다.

[三元到中庸之地, 見貴逢合, 或只有貴却無合, 或有合而無貴, 四柱相生, 運歲相輔, 凡得此限, 君子將榮, 庶人獲安, 事事皆吉. 有得勢限, 三元俱到旺相地, 四柱相貴承. 有龜藏限, 如祿金入土干下者, 是也. 命金入土支下, 身金入土納音下者, 則暮春之優游, 不利君子, 利乎小人, 蓋子弱母勝也. 有波浪限, 金人運到亥子歲, 乃小運上是也. 木人大危, 余人意思不調, 飄泛如舟也. 有風雨限, 運到三元衰絶處, 氣運小運又爲祿鬼. 如此則吉凶相繼, 來去迅速, 勢若風雨暴遇而無所繫也. 有布素限, 行運到身旺相支干死絶, 是也. 若太歲小運扶助, 本命雖入災運, 於十載之間亦有五年之吉, 不至於凶甚, 以此消息, 故名布素. 限分前後, 五年不吉, 後運則助五年無凶. 後運若凶則凶咎. 有失所限, 三元俱値鬼, 二運見三刑併沖, 柱主本與行年不相承, 作黃泉失所之命也. 有破碎限, 此非死限, 只

---

118) 천도(天道)로 설정된 중용의 도.

是金破碎去, 如流水而不返. 諸運氣沐浴更逢眞鬼, 謂甲衰而有庚
之類. 有災位限, 運至伏吟, 上逢喪吊, 見白衣飛廉孤寡歲刑剋身
者, 是主災位之事. 凡得此限, 則親戚不利, 主有喪服.]

[삼원이 중용의 경지에 이르면 귀인을 만나고 합을 만나거나 혹은 다
만 귀인만 있고 합이 없거나 혹은 합이 있어도 귀인이 없기도 하며 사
주가 서로 생하고 세운도 서로 보좌하는데 무릇 이러한 한(天官限)을 만
나면 군자는 영화를 얻고 서인은 평안을 얻어 일마다 모두 길하며, 득
세한(得勢限)은 삼원이 모두 왕상의 자리에 있고 사주가 서로 귀인과 이
어지는 것이며, 귀장한(龜藏限)은 예컨대 간록金이 土의 지장간 속에 들
어 있는 것이 이것이니, 支命 속의 金도 土支 속에 들어 있고 납음身 金
도 土납음의 아래에 있는 경우에는 늘그막에 유유자적하며 군자에게는
불리하고 소인에게 유리하니 이것은 子가 약하고 母가 왕성하기 때문이
다. 파랑한(波浪限)은 金인이 亥년・子년에 운이 이르면 불길하니 곧 소
운상에 이르는 것이 이것이며 木인의 경우에는 크게 위험하고 나머지
사람은 생각하는 것이 조화롭지 못하고 배처럼 유랑한다. 풍우한(風雨
限)은 대소운이 삼원의 쇠절처에 이를 때 기운과 소운이 다시 또 녹귀
가 되는 것이니 이와 같으면 길과 흉이 서로 이어져 오고감이 신속하여
형세가 바람과 비를 갑자기 만나서 매달릴 곳이 없는 것과 같다. 포소
한(布素限)은 행운이 身의 왕상처에 이르러도 支干이 사절처에 있게 되
는 것이 이것이니 만약 태세와 소운이 부조하면 본명이 비록 재앙운에
들더라도 십 년 사이에 또한 오 년간의 길함은 있어서 흉이 심함에 이
르지는 않는 것이니 이런 방법으로 소식(성쇠)하므로 포소라고 이름하
며, 한을 전과 후로 나누어 전 오년이 불길하더라도 후운은 오년을 부
조하여 흉함이 없고 후운이 만약 흉하면 흉함이 더욱 심하다. 실소한(失

所限)은 삼원이 모두 鬼를 만나고 대소운이 삼형과 충을 만나고 사주의 주본(본명)과 행년이 서로 상생하지 않는 것이니 황천에서 방소를 잃는 命이다. 파쇄한(破碎限)은 死의 한이 아니라 다만 금속이 깨지고 부수어지며 흐르는 물이 돌아오지 않는 것과 같은 것인데 많은 운기 중에 목욕이 다시 진귀(형충)를 만나는 것이니 甲木이 쇠약해지고 庚金이 있는 부류를 말한다. 재위한(災位限)은 운이 복음에 이르고 또 상문이나 조객을 만나며 백의·비렴·고신·과수나 세운이 身을 형극함을 만나는 경우이니 이것은 재위의 일을 주관하는 데 이 한을 만나면 친척이 불리하며 주로 상복 입을 일이 있다.]

夫三元九限者는 乃人之利也요 四柱三才者는 乃人之本也니 本輕則大者小利요 小則主本貧이며 而更無運路면 亦惶惶無所依矣니라

무릇 삼원과 구한이란 곧 사람에게 이로운 것이고, 사주와 삼재는 바로 사람의 근본이니, 사주가 왕하지 않아서 근본이 가벼운 경우에는 얻기를 크게 해도 이익이 적고, 이익이 적으면 명주가 가난하며 다시 운로가 없으면 또한 방황하여 의지할 곳이 없다.

[本大者得之小, 猶勝小者得之大, 本小者得之大, 未及大者得之小. 本重則利重, 本輕則利輕. 本重得小者, 遐邇無凶, 得大者官清祿崇. 本輕則小者, 且福且利, 得大者吉極防凶. 有小者如物待時得

時, 則萬物滋長. 本無者如折木懸空, 氣過則花實併敗. 是故木生於
震臨離兌以多殃. 火産東南赴天門而寡祿. 金降自乾東而震北, 遇
坤鄕而敗祿衰官. 水長逢火木崇, 方復乾宮而潛身退跡. 五[119]土忌
於眞敗, 隨氣運以詳之. 又土無正位, 隨眞運而敗, 甲己土敗在酉,
乙庚金敗在午, 丙辛水敗在酉, 丁壬木敗在子, 戊癸火敗在卯, 各以
十干所配, 消息而取用也.]

　[사주가 왕성하면서 길함을 얻음이 작은 것이 오히려 사주가 왕성하
지 않으면서 길함을 얻음이 큰 것보다 나으니, 근본이 작은 것이 얻기
를 크게 하는 것은 근본이 큰 것이 얻기를 작게 한 것에 미치지 못하는
것이다. 사주가 왕하여 근본이 무거우면 이익을 얻음도 중다(重多)하고
사주가 왕하지 않아 근본이 가벼우면 이익도 가벼운 것인데, 사주 근본
이 중하고 이익을 얻음이 적은 경우에는 원근에 흉함이 없고 이익을 얻
음이 큰 경우에는 관위(벼슬자리)와 녹이 청고하다. 사주가 불왕하여 근
본이 가벼워서 이익을 얻음이 적은 경우에도 복도 있고 이익도 있으며,
얻음이 큰 경우에는 길함이 다하면 흉함을 방비해야 한다. 작은 이익이
있는 것은 만물이 때를 기다리다가 때를 만나면 만물이 생장하는 것과
같으며, 근본이 없는 것은 나무를 꺾어 허공에 매달아 놓아서 기운이
다하면 꽃과 열매가 함께 시들어 떨어지는 것과 같으니, 그러므로 木은
震(동방)에서 생하고 離兌(서남)에 임하면 재앙이 많고, 火는 동남에서
생하고 천문(서북)에 이르면 녹이 적으며, 金은 乾東(서북동)과 震北(동
북)에 강림하고 坤鄕(서남)을 만나면 관록을 해치며, 水가 많으면 火木을
만나야 숭고해지고 바야흐로 乾궁(金水)에 돌아가면 몸을 숨기고 자취

---

119) 五는 오자인 듯하니 빼놓는 것이 가함.

를 물리치며, 土는 진패를 꺼리니 기운에 따라 이것을 상세히 밝혀야 하며, 또 土는 정위(正位[120])가 없어서 진운에 따라 패지[121]가 되는데, 甲己의 土는 패지가 酉에 있고, 乙庚의 金은 패지가 午에 있고, 丙辛의 水는 패지가 酉에 있고, 丁壬의 木은 패지가 子에 있고, 戊癸의 火는 패지가 卯에 있으니, 각각 십간이 배합하는 바로써 창작하여 작용을 취한 것이다.]

---

120) 正位: 동서남북의 바른자리
121) 목욕지, 子午卯酉

第三篇 天承地祿 천이 지록을 계승하다

日之火也陽之晶이요 月之水也陰之極이니 日自左而
奔右하여 歲行一周하며 月自陰而還陽하여 三旬一往이
라 子爲天正이요 寅爲地常이니 四正爲上하여 以左右
爲門하여 運陰陽旋轉之機하고 應天地虧盈之數하여 六
十載支干이 同日神頭하나니 後有顯說하니라

태양의 火는 양의 극치이고 달의 水는 음의 극치인데, 태
양은 좌로부터 우를 향하여 달려가서 일 년에 한 바퀴를 돌
며 달은 음(어두움)으로부터 양(밝음)으로 돌아와서 삼십 일
에 한번 가는 것이다. 子는 하늘의 바른자리이고 寅은 땅의
바른자리이니, 네 개의 정점[122]이 으뜸이 되어 좌우를 문으
로 삼아 음과 양이 서로 돌며 변화하는 기틀을 운행하고,
해와 달이 이지러졌다 채워졌다 하는 천수(天數)에 상응하

---

122) 황도상의 네 정점, 곧 子午卯酉를 가리킴.

여 육십 년의 간지가 日(태양)의 신두(神頭)를 함께 하는 것이니, 그런 뒤에 이미 드러나 있는 일반적인 이론이 있는 것이다.

天地合德表一 (天干五合과 地支六合)
천지합덕표1 (천간오합과 지지육합)

甲子・己丑

[換貴德.]

[귀인을 교환하는 덕.]

甲寅・己亥

[三元承天德.]

[삼원이 天에 이어지는 덕.]

甲辰・己酉

[敗干失地德.]

[干을 패하고 地를 잃는 덕.]

甲午·己未

[敗夫承妻神貴德.]

[남편(夫)을 패하고 처(妻)를 잇는 신귀(神貴)의 덕.]

甲申·己巳

[陰往陽承, 陽干敗絶德.]

[음이 양에 가서 이어지고 양간이 패절하는 덕.]

甲戌·己卯

[自官從旺夫妻德.]

[자신의 官이 부처(夫妻)를 왕하게 하는 덕.]

丙子·辛丑

[陰盛歸陽, 藏敗德.]

[음이 성하여 양에 돌아가서 패를 간직하는 덕.]

丙寅·辛亥

[天地貴神, 重換德.]

[천지의 귀신이 거듭 교환하는 덕.]

丙辰·辛酉

[丙祿相合, 承地復敗德.]

[丙의 재록이 상합하고 지지에 이어져 다시 패하는 덕.]

丙午・辛未

[祿氣相資生合德.]

[녹기가 서로 도와 생하고 합하는 덕.]

丙申・辛巳

[祿承本祿生成德.]

[녹이 이어져 본록이 생성되는 덕.]

丙戌・辛卯

[陽承本官干合德.]

[양이 이어져 본관이 간합하는 덕.]

戊子・癸丑

[陽附貴而陰懷德.]

[양이 귀를 따르고 음이 품어주는 덕.]

戊寅・癸亥

[陽附陰神, 相濟德.]

[양이 음신을 따르고 서로 이루어주는 덕.]

戊辰·癸酉

[祿命吉神德.]

[간녹과 지명이 길신인 덕.]

戊午·癸未

[祿命太過, 不承德.]

[녹과 명이 태과하여 이어지지 않는 덕.]

戊申·癸巳

[各守擧, 而不敢刑德.]

[각각 분수를 지키고 감히 형벌하지 않는 덕.]

戊戌·癸卯

[陰貴暗符, 重貴德.]

[음귀와 암부가 있어 귀를 거듭하는 덕.]

庚子·乙丑

[支干合換貴, 自盛德.]

[지와 간이 합하고 귀인을 교환하여 저절로 왕성해지는 덕.]

庚寅・乙亥

[陽附陰大貴德.]

[양이 음을 따르는 크게 귀한 덕.]

庚辰・乙酉

[金水未成用德.]

[金水가 작용을 이루지 않는 덕.]

庚午・乙未

[干祿不備, 自敗德.]

[간록이 갖추어지지 않고 스스로 패하는 덕.]

庚申・乙巳

[帶刑帶鬼帶食德.]

[형과 귀와 식상을 지닌 덕.]

庚戌・乙卯

[祿承陰會, 小享德.]

[녹이 이어지고 음이 회합하여 작게 누리는 덕.]

壬子・丁丑

[祿會官承, 換官德.]

[녹이 회합하고 관이 이어져 관을 교환하는 덕.]

壬寅・丁亥

[祿貴本元, 生氣德.]

[녹귀와 본원이 기를 생하는 덕.]

壬辰・丁酉

[貴會氣承, 淸潔德.]

[귀가 회합하고 기가 이어져 청결한 덕.]

壬午・丁未

[支干不合, 陽祿陰符德.]

[지와 간이 합하지 않는 양록과 음부의 덕.]

壬申・丁巳

[本合無刑, 陰貴德.]

[본이 합하고 형이 없는 음귀의 덕.]

壬戌・丁卯

[往來換官德.]

[왕래하며 서로 관이 되는 덕.]

若夫顯說之外엔 非至聖則難言이니 二儀同德하여 歸一而可測하니 搜造化伏現之機하고 格有無奇儀之會하면 發揚妙旨니 神鬼何誅리오

그리고 이미 드러나 있는 일반적인 이론 외에는 지극한 성인이 아니면 말하기 어려운 것인데, 이의(二儀, 음양)가 덕을 함께하여 하나(태극)에 돌아가므로 사물을 예측할 수 있으니, 만물 조화의 숨어 있거나 드러난 기틀을 찾고, 있기도 하고 없기도 한 기이한 법식의 모임을 궁구하면 기묘한 뜻을 펼쳐 일으킨 것이니 신귀(神鬼)와 무엇이 다르겠는가?

[疑誅爲殊. 乃鬼谷自謂臨於神鬼之妙, 豈鬼神之所見誅也.]

[아마도 주(誅)는 수(殊)가 되어야 할 듯이니, 이것은 곧 귀곡자가 스스로 '신귀(神鬼)의 현묘함에 이르렀으니 어찌 귀신에게 문책당할 바가 있겠는가'라고 말한 것이다.]

天地合德表二 (天干五合과 地支暗合)
천지합덕표2 (천간오합과 지지암합)

甲寅 · 己未 · 己丑

[上文秀, 人臣調鼎格. 下秀而不清, 中貴格.]

[천간이 빼어나면 인신조정의 격이며, 지지가 빼어나고 맑지 않으면 중간 정도의 귀격이다.]

甲辰 · 甲戌 · 己亥

[上下祿命秀合重者, 守德侍從, 一本添己酉.]

[간지 녹명이 빼어나고 합이 거듭하니 덕을 지닌 시종의 명이다. 어떤 책에는 己酉가 더 있다.]

甲午 · 己酉

[重敗祿夫奔妻, 有秀無祿格.]

[거듭 녹을 패하니 남편이 아내에게 달려가는 격이고 유수무록의 격이다.]

甲申 · 己卯

[正夫絶, 妻貴奔夫正貴格. 可作侍臣並非長遠之用.]

[정부가 절하자 처귀가 부의 정귀에게 달려가는 격이니, 귀인을 모시는 신하가 될 수 있으나 오래도록 쓰이지는 못한다.]

甲子 · 己巳

[祿厚重合奔妻, 夫地淸貴上品格.]

[녹이 두텁고 거듭 합하여 처에게 달려가니 남편의 자리가 청귀한 상품이 되는 격이다.]

丙寅 · 辛未 · 辛丑

[上承妻貴奔夫大順格, 下夫奔妻德通變秀和格.]

[위 丙寅 · 辛未는 처귀가 부에게 달려가 크게 순종하는 격이고, 아래 丙寅 · 辛丑은 부가 처덕에 달려가 변화에 통하고 빼어나게 조화하는 격이다.]

丙辰 · 丙戌 · 辛亥

[上自合承官妻貴格, 下德貴相承自淸格.]

[위 丙辰 · 丙戌은 스스로 합하여 관을 잇고 처가 귀한 격이고, 아래 丙辰 · 辛亥는 덕과 귀가 서로 이어져 저절로 청해지는 격이다.]

丙午 · 辛酉

[秀合神頭祿, 先利後敗, 夫婦文貴格.]

[빼어나게 합한 신두록이니 선길후흉하며 부부문귀의 격이다.]

丙申・辛卯

[支干無地, 秀而不英格.]

[지와 간이 자리가 없으니 꽃은 피었으나 열매 맺지 않는 격이다.]

丙子・辛巳

[陽祿扶義, 陰德相承, 生旺格.]

[양록이 의를 돕고 음덕이 서로 이어지는 생왕격이다.]

戊寅・癸未・癸丑

[上有貴暗官不淸格, 下有地相通貴濁格.]

[위 戊寅・癸未는 귀인과 암관이 있는 불청격이고, 아래 癸未・癸丑은 지지상통하는 귀탁격이다.]

戊辰・戊戌・癸亥

[上妻奔夫神頭祿淸貴格, 下官輕承秀兵印大權格.]

[천간은 처가 부에게 달려가는 신두록의 청귀격이고, 지지는 관이 가벼우나 빼어나게 이어져 병인(兵印, 무관)의 대권을 잡는 격이다.]

戊午・癸酉

[支干失地, 無官有祿, 空秀格.]

[지와 간이 지위를 잃고 관이 없고 녹만 있는 공수격이다.]

戊申·癸卯

[妻貴扶祿承合不秀格.]

[처의 귀인이 녹을 도와 합에 이어져도 빼어나지 않은 격이다.]

戊子·癸巳

[癸祿往還秀氣人臣格.]

[癸록이 왕복하여 기를 빼어나게 하는 인신(人臣)의 격이다.]

庚寅·乙未·乙丑

[妻重貴秀合兵印重權, 上清下濁格.]

[처가 貴를 거듭하고 빼어나게 합하여 병인의 중대한 권세가 있으니 상청하탁의 격이다.]

庚辰·庚戌·乙亥

[二者乃魁罡相承, 兵印重承, 上清下濁.]

[庚辰과 庚戌 두 가지가 괴강으로 이어지고 병인으로 거듭 이어지니 상청하탁격이다.]

庚午·乙酉

[夫旺妻旺格, 中而必敗.]

[부왕처왕격이나 중도에 반드시 패한다.]

庚申 · 乙酉

[祿頭專合, 人臣剛毅格.]

[신두록과 전합으로 인신이 강직한 격이다.]

庚子 · 乙巳

[秀合暗官, 妻奔夫貴格.]

[암관과 빼어나게 합하고 처가 부의 귀인에게 달려가는 격이다.]

壬寅 · 丁未 · 丁丑

[上陰地陽承反復格, 下秀合不清高上格.]

[위에는 두 음간과 지지의 양이 이어져 반복되는 격이고, 아래로는 빼어나게 합하여 청하지 않으나 고상한 격이다.]

壬辰 · 壬戌 · 丁亥

[上秀淸祿會格, 下濁名卑位高格.]

[위로는 빼어나게 청하여 녹이 모인 격이고 아래로는 탁하여 이름이 낮고 지위가 높은 격이다.]

壬午 · 丁酉

[陰附陽祿, 陽承陰貴格.]

[음이 양록을 따르고 양이 음귀에 이어진 격이다.]

壬申 · 丁卯

[妻貴夫承, 官德相交, 中貴格.]

[처의 귀를 부가 잇고, 관과 덕이 서로 사귀는 중귀의 격이다.]

壬子 · 丁巳

[祿德會合暗官虛中大用格.]

[녹과 덕이 회합하고 암관이 허한 가운데 크게 작용하는 격이다.]

夫寅午戌之類는 乃五行體合三生之會也며 子丑之類는 地支歲合也며 甲己之類는 眞氣德合也며 寅丑未之類는 天地眞刑會也며 甲得丑未는 無合有合也며 丁見亥之類는 祿氣通合也며 申見乙은 支合干也며 甲見亥123)는 干合支也니 各看失位之輕重과 得地之淸濁과 上下配偶親疏之緊慢也라 其神頭祿者는 乃陰陽專位요 天地神會也니 列八卦之眞源하고 演五行之成敗하며 剛柔相推하여 有無合化也하나니 故壬子之水는 應北方之坎이요 丙午之火는 實南宮之離니 所以丙午得壬子不爲破요 丁巳得癸亥不爲沖은 是水火相濟之源이며 有夫婦配合之理일새니라

---

123) 亥는 未가 되어야 함.

무릇 寅午戌의 부류는 곧 오행의 체합으로 삼생(三生[124])
의 모임이며, 子丑의 부류는 지지의 세합(육합)이며, 甲己의
부류는 진기의 덕합이며, 寅丑未의 부류는 간지 진형의 모
임이며, 甲이 丑未를 만나면 합이 없어도 합이 있는 것과 같
으며, 丁이 亥를 만나는 부류는 녹기가 통합하는 것이며, 申
이 乙을 만나면 支가 干과 합하는 것이며, 甲이 未를 만나면
干이 支와 합하는 것이니 각각 자리를 잃은 정도의 경중과
자리를 얻었을 때의 청탁과 상하 배우 간의 친소관계의 긴
만(緊慢)을 보아야 한다. 신두록이란 곧 음과 양이 자리를
전담하고 天과 地가 신묘하게 모인 것인데, 팔괘의 참된 근
원을 열거하고 오행의 성패를 풀어 넓히며, 강(양)과 유(음)
로 서로 미루어서 합화의 유무를 논하는 것이니, 그러므로
壬子(癸亥)의 水는 북방의 감(坎)에 해당하고, 丙午(丁巳)의 火
는 곧 남방의 리(離)이니, 丙午가 壬子를 만나도 파(破)가 되
지 않고 丁巳가 癸亥를 만나도 충이 되지 않는 까닭은, 수화
상제(수화기제)의 근원이며 부부배합의 이치가 있기 때문이다.

[坎離爲男女精神之中者也. 壬子見丙午, 癸丑見丁巳, 則先水後
火, 有未濟之象, 又不如丁巳見壬子, 丙午得癸亥也.]

---

124) 三生: 始生(장생), 當生(제왕), 已生(묘고).

[감리(水火)는 남녀(부부) 정신윤리의 중도(중용)이니, 壬子가 丙午를 만나고 癸丑이 丁巳를 만나면 水를 우선으로 하고 火를 뒤로 하여 미제의 상이 있으므로, 또한 丁巳가 壬子를 만나고 丙午가 癸亥를 만나는 것만 못하다.]

庚申辛酉之金은 應西方之兌요 甲寅乙卯之木은 象東方之震이니 凡甲寅得庚申不爲刑이요 乙卯得辛酉不爲鬼는 是木女金夫之正體니 明左右之神化也니라

庚申·辛酉의 金은 서방의 兌金에 해당하고 甲寅·乙卯의 木은 동방의 震木에 해당하는데 대체로 甲寅이 庚申을 만나도 형극으로 여기지 않고 乙卯가 辛酉를 만나도 鬼로 여기지 않는 것은 木女金夫(부부관계)의 바른 형체가 되기 때문이니 좌와 우(木과 金)의 신통한 조화를 밝힌 것이다.

[木主魂, 金主魄, 二者左右相間不合, 若能全合, 則神之化生以間也. 若庚申見乙卯, 辛酉得甲寅, 不爲變識之用也.]

[木은 혼(魂)을 주관하고 金은 백(魄)을 주관하므로, 두 가지가 좌우로 서로 간격이 있어서 합치되지 않는데 만약 완전히 합할 수 있다면 신통한 변화가 그 사이에 생긴 것이며, 만약 위와 반대로 庚申이 乙卯를 만나고 辛酉가 甲寅을 만나면 변화하여 인식하는 작용을 행하지 않는다.]

戊辰戊戌之土는 爲魁罡相會로되 乾坤厚德하여 覆載含生하니 不得以爲反吟也니라

戊辰·戊戌의 土는 괴강끼리 서로 만난 것인데 건곤의 덕을 두텁게 하여 만물을 덮어주고 실어주므로 이것을 반음으로 여길 수 없다.

[戊辰戊戌, 不爲衝破, 是土得正位於守元會也.]
[戊辰·戊戌을 충파로 간주하지 않는 것은 土가 근원(건곤의 덕)의 모임을 지키는 데에서 정위를 얻었기 때문이다.]

己丑己未는 是貴神形體具備하고 守位忠貞하며 動靜不常하니 此四維眞土요 有萬物終始之道니 非才能明於日月이요 器度廣於山川이면 大人君子孰能備德이리오 況神頭祿은 各有神以主之하여 應日臨神이니 或左右運動於六合之中하여 盈縮於吉凶之變也니라

己丑과 己未는 귀신(貴神)의 형체가 구비되고 자리를 지킴이 충직하며 동정이 일정하지 않은데 이것은 사유(四維[125])의 眞土이며, 만물의 끝과 시작을 이루는 도리가 있으니 재능이 일월보다 밝고 도량이 산천보다 넓지 않으면 대인군

---

125) 사유(四維): 辰戌丑未 네 방위

자인들 누가 이러한 덕을 구비할 수 있겠는가. 더구나 신두록(神頭祿)은 각각 신묘함이 있어서 그러한 이치를 주장하여 날마다 그 神에 임하는 것이니 혹은 좌우로 육합 가운데에서 움직여 길흉의 변화에 가득차기도 하고 줄어들기도 하는 것이다.

[己丑土爲天乙貴人, 己未土爲太常福神, 解百煞之凶, 配一人之德, 吉以吉應, 逐凶釋凶, 若得之當用, 則爲橫財之善. 若戊辰爲勾陳, 戊戌爲天空亡之神, 多遷改君師, 外藩出鎭邊防, 有所不常矣. 丁巳爲螣蛇之神, 凶以凶用, 吉以吉承, 多熒惑之憂, 有滑稽之性. 丙午爲朱雀之神, 應陽明之體, 文辭藻麗. 甲寅爲青龍之神, 博施濟衆, 得四方之利. 乙卯爲六合之神, 主發生榮華和弱順儻. 壬子爲天后之神, 主陰騭天德, 容美多權. 癸亥爲玄武之神, 乃陰陽極終, 有潛伏之氣, 從下如流, 雖名大智, 非軒昂超達之士, 不可姑息, 順則安平, 逆則奸危. 庚申爲白虎之神, 利於武而不利於文, 有抱道旅羈之性, 善中嚴内, 色屬内荏, 有仁義, 好幽僻. 辛酉爲太陰之神, 懷肅殺之氣者, 有清白之風, 爲文章和易不世之才. 然後各以親疏休旺定之也.]

[己丑土는 천을귀인이고 己未土는 태상복신인데 모든 살의 흉함을 해소하고 한 사람의 덕에 배합하여 길에는 길로 응하고 흉에 따라 흉을 풀어주니 만약 이러함을 만나 마땅하게 작용하면 횡재하는 좋은 신이 될 것이다. 戊辰은 구진이고 戊戌은 천공망의 신이니 군주나 스승의 자

리를 바꿔 외지로 나가거나 변방을 지키는 경우가 많으며 일정하게 오래가지 못함이 있다. 丁巳는 등사의 신이니 흉에는 흉으로 작용하고 길에는 길로 이어져서 화재의 근심이 많으며 재치 있고 익살스러운 성격이 있다. 丙午는 주작의 신이니 태양의 체성에 해당하고 문장의 표현이 화려하다. 甲寅은 청룡의 신이니 널리 은혜를 베풀어 대중을 구제하고 사방의 이로움을 얻는다. 乙卯는 육합의 신이니 대체로 부귀영화를 발생하며 부드럽고 약하고 온순하고 편안하다. 壬子는 천후의 신이니 주로 음덕과 천덕이 있고 용모가 아름답고 권세가 많다. 癸亥는 현무의 신이니 곧 음양이 극에 이르러 잠복한 기가 있어서 아래를 따라 물 흐르듯 하므로 비록 큰 지혜가 있더라도 의기가 왕성하고 뛰어나게 통달한 사람이 아니면 탈 없이 모면할 수 없으니 순하면 편안하고 거스르면 위태롭다. 庚申은 백호의 신이니 무에는 유리하고 문에는 불리하며 도를 지니고 여행하는 성질이 있으며 선한 가운데 내면을 엄격히 하며 안색이 엄해도 내면이 부드러워서 인의를 지니고 그윽하고 외딴 곳을 좋아한다. 辛酉는 태음의 신이니 숙살의 기를 품으며 청백의 기품이 있으며 문장이 온화하고 편안하여 세상에 보기 드문 인재가 된다. 이와 같은 뒤에 12신이 각각 친소(親疏)와 휴왕(休旺)으로 길흉을 정하게 되는 것이다.]

水土名用

水土의 명분과 작용

土本無一方之氣요 從水妻之義也며 陰陽各逐四時成就니라

土는 본래 일방의 기가 없고 수처(水妻)의 의리를 따르며, 음양은 각각 사시마다 형성되어 만물을 육성한다.

[辰中有乙, 則木土成之, 故在寅卯辰中之土, 隨木之生旺也. 魁裏藏辛, 則金土成之, 故在申酉戌之土, 隨金之生旺也. 貴神得癸, 則水土成之, 故在亥子丑之土, 隨水之生旺也. 未隱丁火, 則火土成之, 故在巳午未之土, 隨火之生旺也. 大體如此, 則其土之用, 皆喜於辰戌丑未也. 戌氣從戌從巳, 戌火鍾而土育, 巳火極而土成, 巳氣從亥從午, 亥火之絶也. 土生午火之旺也, 土音蓋巳午爲火極, 戌亥爲火熄, 父母極熄而子孫成之, 與水之異也, 二氣俱逆, 戌得丑而爲巳得未, 巳自亥逆至未旺, 戌自巳逆至丑旺. 天地之中庫於辰, 金土之會成於戌, 然則水土當育於寅. 陰陽之中, 卯酉爲無止之地, 子午爲夫旺婦極之所. 丑乃木立形而上藏. 甲爲金成而土衰, 戌作魁而利, 乃土發之獨用, 不從四時之義也. 其立用之方, 蓋土無定形, 雖載其文, 而未可究其指, 故存之以待來者.]

[辰중에 乙이 있는 것은 木과 土가 그 속에 이루어진 것이므로 寅卯辰

중의 土는 木의 생왕을 따르며, 괴(戌) 속에 辛을 간직한 것은 곧 金과 土가 그 속에 이루어진 것이므로 申酉戌 중의 土는 金의 생왕을 따르며, 귀신(貴神 丑)이 癸를 얻은 것은 水와 土가 그 속에 이루어진 것이므로 亥子丑 중의 土는 水의 생왕을 따르며, 未가 丁火를 간직한 것은 火土가 그 속에서 이루어진 것이므로 巳午未 속의 土는 火의 생왕을 따르는 것이다. 대체적인 줄거리가 이와 같으니 그 土의 작용은 다 辰戌丑未를 좋아하는 것이다. 戌의 기는 戌을 따르고 巳를 따르는데 戌火에 모여 土가 육성되고 巳火가 극에 이르러 土가 이루어지며, 巳의 기(戌丙)는 亥를 따르고 午를 따르는데 亥는 火의 절지이다. 土가 午火의 왕지에 생하고 납음土가 巳午에 있으면 火가 극에 이르며, 戌亥는 火가 꺼지는 자리이므로 부모는 극에 이르러 종식되고 자손이 그 속에서 이루어지는 것이니 水의 경우와 다르며, 火와 土 두 기가 모두 역행하여 戌이 丑을 만나고 巳가 未를 만나는 경우에는 巳는 亥로부터 역행하여 未에 이르러 왕해지고 戌은 巳로부터 역행하여 丑에 이르러 왕해지는 것이다. 천지 중에서는 辰을 곳집으로 삼고 金土의 모임에서는 戌에서 이루어지니 그렇다면 水土는 당연히 寅에서 육성되는 것이며, 음양 가운데에서는 卯酉는 머무름이 없는 곳이고 子午는 남편이 왕하고 아내는 한계에 이르는 곳이며, 丑은 곧 木이 형상을 확립하면 그 위에 감추며 甲은 金에서 이루어지고 土에서 쇠하며 戌은 괴가 되어 유리하니 이것은 곧 土가 혼자만의 작용을 발생하고 사시의 의리를 따르지 않는 것인데, 그 土의 작용을 확립하는 방법에 있어서는 다만 土는 정해진 본체가 없어서 비록 이러한 글을 기재했으나 그 뜻을 궁구할 수 없으므로 이것을 보존하여 후학을 기다리는 바이다.]

끝.

역자 후기

　명리학을 공부하는 대부분의 학자들은 『이허중명서』를 원조로 여기고 있는 것은 부인할 수 없는 사실이다. 그러나 고전명리로서 중요한 위치를 차지하고 있음에도 이허중명서 전체를 뚜렷하게 번역한 역서가 없어 이런 저런 논란이 계속 있었다고 본다.

　귀곡자가 지었고 당나라 때 이허중이 註한 『이허중명서』는 저자에 관한 의구심과 명서 전 내용이 이허중에 의해 이루어진 것인가에 대한 진위성과 내용 또한 연·월·일·시 네 기둥을 사용한 문헌임에도 불구하고 여러 가지 이유를 들어 논란의 중심에 있었다. 지금까지는 대체로 각 개인마다 필요한 부분을 인용하거나 필요한 내용만을 취하여 논하는 경향이 있었다.

　이에 본 역자 三人은 책 내용에 관한 說이 분분하고 신비스럽기까지 한 『이허중명서』를 매우 조심스럽게 해석하는 작업을 시작하여 마무리를 짓고 출판에 이르게 되었다. 번역은 저자의 의도를 완벽하게 전하는 것이 최고의 목표인데 어긋나고 미진한 부분이 없는지 매우 두려운 마음을 감출 수가 없다.

해석을 하면서 일부는 주석을 달았지만 많은 부분에 주석을 달려는 의지는 접었다. 그 이유는 읽는 독자 스스로 내용을 분석할 여지가 많고, 여러 의견을 도출해 낼 것으로 여겨지고, 사견으로 인하여 앞으로 진행될 많은 연구들에 누가 될까봐 나름 글자 번역에만 힘을 썼다. 사고전서 원문 중에는 빠진 글자가 있거나 잘못 표기된 것으로 여겨진 부분이 몇 군데 있어 바로잡았으며, 해석은 사고전서에 있는 안어 부분을 일부 참고하였는데 안어 중에는 오히려 본문과 다른 내용으로 이해된 듯한 부분도 있었다.

『이허중명서』가 현시대에 맞는 간명법과는 내용이 다르다고 하는 학자가 적지 않음을 역자도 알고 있다. 하지만 지금과 간명하는 내용이 다른 점이 있다면 무엇인지 그 뿌리의 근본인 『이허중명서』 이론을 간과해서는 안 된다고 생각한다. 본 역자들이 해석을 하면서 내용을 자세히 파악해보면 현재 명리이론과의 연계성이 고스란히 담겨 있으니 명리나 사주 간명을 심도 있게 공부하는 사람이라면 반드시 주의 깊게 살펴보아야 할 필요가 있는 命書이다.

"뼈대 있는 집안에 족보가 있는 것처럼 명리학에는 『이허중명서』가 있다."라고 감히 주장하고 싶다. 그러니 우리 명리학 究明에 앞장서야 할 명리학자와 명리를 간명하는 사람이라면 누구라도 꼭 한 권쯤은 소장할 가치가 있는 역서임이 분명하다.

이 책을 내도록 진심어린 정성으로 이끌어 주신 이동윤 선생님께 무한한 감사를 드린다. 그리고 역서를 세상에 함께 드러나게 한 우리 세 사람의 인연 서소옥 선생님, 안명순 선생님께 감사한다.

2012년 4월 20일 正明院에서

旦岩 김정혜

역자 후기

　사고전서에 실린 『李虛中命書』原序에 보면 사마계주가 호산 남쪽에 거주하고 있을 때 귀곡자에게 「遺文九篇」을 받아서 내용을 보니 天地人을 포괄하고 만물을 지적해서 일일히 설명을 한 내용에 감탄하여 계주가 그것을 터득하고 밝혀서 사람의 禍와 福을 말할 때마다 길흉을 점치면 응험함이 귀신이 살피듯 하므로 귀하게 여겼다고 하였다. 귀곡자는 중국 역사에서 중요한 비중을 차지하며 임장현臨漳縣 삼태三台에 위치한 운몽 선경에는 귀곡자의 이름을 딴 관광지가 조성돼 있다. 『李虛中命書』역시 귀곡자가 지은 책을 唐代의 이허중이 주를 달아 쓴 저서이다. 명리학을 공부하는 사람들이라면 명리이론의 초석이 되고 고전 명리서 중에 으뜸인 『李虛中命書』를 간과해서는 안 될 것이다.

　그럼에도 불구하고 지금까지 제대로 된 번역서가 없어서 그동안 명리학을 전공하는 학인들이 명리학에 관련한 논문을 쓰면서 필요한 부분만을 발췌해 인용하여 왔다. 그러다 보니 『李虛中命書』의 본 내용이 論者에 따라 달리 해석되는 오류도 가끔씩 드러나서 명리이론의 근원적인 문제점들이 발생되고 있는 현실이다. 그리하여 명리학을 전공하는 역자들 역시 『李虛中命書』의 번역서가 꼭 필요함을 인식하고 번역을 해보자는 뜻을 모았다.

이에 역자들은 설레이는 마음으로 한 글자, 한 구절씩 되짚어 가며 최대한 원뜻을 거스리지 않으려 노력하면서 심혈을 기울여 번역을 하였다. 명리 이론의 초석이 된 『李虛中命書』를 필두로 하여 『연해자평』과 『자평진전』 또한 『적천수천미』등에 이어져 내려오는 이론들의 그 근간이 이미 이 책 속에 있었음을 보면서 감탄과 전율을 느끼게 했다. 이처럼 엄연히 전해져 내려오는 고전 명리서들의 이론들을 배척하고 개인의 근거 없는 이론을 내세우며 마치 자신이 새로운 명리 이론의 선구자인 양 처신하는 사람들에게 겸손한 마음으로 『李虛中命書』를 다시 한번 정독하고 본래의 의미를 현대적으로 재해석하기를 바라는 마음이 간절해진다.

이 책을 번역하면서 글들이 너무나 축약되어 있었고 축약된 원문을 설명하는 안어가 오히려 원뜻의 의미를 흐리게 하는 부분을 번역하는 데 애로사항이 있었다. 역자들 역시 심오한 맥락의 뜻을 놓친 부분들이 많이 있으리라 본다. 이러한 미비한 점들은 『李虛中命書』의 첫 번역서임을 감안하여 양해 바라며 많은 지도 편달을 부탁하는 바이다. 명리학을 공부하시는 고매하신 학인들께서 보충하고 바로잡아 명리학의 학문적 가치를 높이기를 바라며 미력한 힘이나마 명리학을 완성하는 데 도움이 되었으면 좋겠다.

끝으로 辛卯년 四時 내내 변함없으신 덕목으로 이끌어 주신 이동윤 스승님께 깊은 감사를 드린다. 아울러 서로에게 용기를 북돋으며 열정적으로 삶을 영위하고 계시는 김정혜 선생님과 제자 양성에 박차를 가하고 계시는 서소옥 선생님께도 고마운 마음을 전한다.

壬辰년 乙巳월 川泉연구실에서

寶湞 안명순

역자 후기

『이허중명서』는 명리학사에서 주요 서적으로 다루어지고 있는 가치있는 책으로 명리학인이라면 반드시 필독해야 하는 고전이라고 할 수 있다. 이 책은 초기 형태의 명리학 이론을 자세히 살필 수 있어 명리 이론의 원류와 시초를 파악할 수 있다.

때문에 이 책은 명리학을 체계적으로 학습해가는 과정에 있어 반드시 거쳐야 할 중요한 명리학 이론서라고 할 수 있다.

비교적 최근의 명리학 서적을 위주로 학습해왔던 명리학인이라면 이 책을 통해 초기 명리학 이론의 심오함에 감탄하게 될 것이며, 자신의 학문적 시야를 넓히고 이론적 기반을 단단히 하는 데 도움이 될 것이라고 생각한다.

역자 또한 『이허중명서』를 읽고 번역하는 작업을 통해 자신도 모르게 간과하거나 편중되어 있던 명리학의 이론적 기반을 점검하고 다시 한번 다지는 데 커다란 도움이 되었다.

명리학을 공부하다보면 한문으로 된 원서를 보아야 할 필요성을 절실히 느끼게 된다. 그러나 부족한 한자 실력 때문에 엄두를 내지 못하고 번역서에 의지할 수밖에 없다. 역자도 그러한 아쉬

움에 늦게 나마 한문 공부를 시작했는데 어느덧 원서를 번역해 내놓는 데까지 이르게 되었다. 한편으론 뿌듯하기도 하고 한편으론 어깨가 무거워짐을 느낀다.

영민하지 못한 머리에 게으른 천성까지 겹쳐 배우고 깨치는 것이 한없이 더디기만 한데도, 언제나 한결같은 미소로 격려해주시고 이끌어주시는 이동윤 선생님께 한없는 감사와 존경의 마음을 드린다. 그리고 인생의 선배이시면서 좋은 도반이 되어주시는 김정혜, 안명순 두 분 선생님께도 감사의 마음을 전한다.

壬辰년 乙巳월 마포연구실에서

樂淸 서소옥

김정혜 ────────────────────────────

　　원광대학교 동양학대학원 동양철학 석사
　　원광대학교 대학원 한국문화학과 동양문화 박사 수료
　　현) 명리연구소 정명원 운영

서소옥 ────────────────────────────

　　원광대학교 동양학대학원 동양철학 석사
　　원광대학교 대학원 한국문화학과 동양문화 박사 수료
　　현) 원광디지털대학교 동양학과 강의교수
　　　　낙청명리연구소 운영

안명순 ────────────────────────────

　　원광대학교 동양학대학원 동양철학 석사
　　원광대학교 대학원 한국문화학과 동양문화 박사 수료
　　현) 송담대학 평생교육원 명리상담사과정 주임교수

초 판 인 쇄 | 2012년 7월 5일
초 판 발 행 | 2012년 7월 5일

지 은 이 | 李虛中
옮 긴 이 | 김정혜 · 서소옥 · 안명순
펴 낸 이 | 채종준
펴 낸 곳 | 한국학술정보㈜
주   소 | 경기도 파주시 문발동 파주출판문화정보산업단지 513-5
전   화 | 031) 908-3181(대표)
팩   스 | 031) 908-3189
홈 페 이 지 | http://ebook.kstudy.com
E - m a i l | 출판사업부 publish@kstudy.com
등   록 | 제일산-115호(2000. 6. 19)

ISBN   978-89-268-3518-0 93150 (Paper Book)
           978-89-268-3519-7 98150 (e-Book)

이담
Books 는 한국학술정보(주)의 지식실용서 브랜드입니다.